Rolf Friedrich Schuett

Neuer Cherubinischer Wandersmann

Laienbrevier voll himmlischer Spruchweisheit

Rolf Friedrich Schuett

Neuer Cherubinischer Wandersmann

Laienbrevier voll himmlischer Spruchweisheit

Books on Demand

Bibliographische Information Der Deutschen Bibliothek:
Die Deutsche Bibliothek verzeichnet diese Publikation
in der Deutschen Nationalbibliographie; detaillierte
bibliographische Daten sind im Internet abrufbar über
http://dnb.ddb.de

Erweiterte Neuauflage

Herstellung und Verlag :
BoD – Books on Demand, Norderstedt

Printed in Germany

ISBN 978-3-7557-4069-8

1657 erschien "Der Cherubinische Wandersmann"
von *Angelus Silesius (Johannes Scheffler)* :
Entmystifizierte und entmystifizierende Mystik.

"Ein Mensch, der schauet Gott,
ein Tier den Erdkloß an,
Auf diesem, was er sei,
ein jeder kennen kann."

Die Ros ist ohn' Warum.
Sie blühet, weil sie blühet.
Sie acht' nicht ihrer selbst,
fragt nicht, ob man sie siehet.
.

"Den Liebhabern des beschaulichen Lebens
zur geistigen Ergoetzlichkeit herausgegeben"

   Hier folgt eine neue aphoristische Apologetik
(Aphologie) des Monotheismus wider das voll-
endet „säkulare Zeitalter" der akademisch und
ideologisch munitionierten A(nti)theisten, deren
neopositivistische Mythenaufklärung längst ihre
eigenen unbeirrbaren Aufklärungsmythen her-
vorbrachte, die den öffentlichen Ton angeben,
wo Europa seit geraumer Zeit schon so gut wie
christentumfrei ist …

Für Elke
in Liebe und Dankbarkeit

Neuer Cherubinischer Wandersmann
Laienbrevier voll himmlischer Spruchweisheit

Religion ist der Glaube, dass jeder mehr vor sich hat
als die Zukunft.

Natürlich ist am Menschen nur die Mordlust,
un(ter)natürlich nur die Religion.

Eine blaue Blume an unseren Ketten
macht noch keine Religion.

Welche Verzweiflungsart hat nicht ihre Religion?

Religion ist der Hunger des vollen Magens
und das Rätsel aller Lösungen.

Religionsfreiheit hat nur von der Religion befreit.

Heiden halten das Souterrain des Weltgebäudes
schon für die Hölle, Christen aber die Unterwelt
erst für den Keller.

Religionen sind Vaterschaftsklagen, die Mutter
Natur wegen der Menschenkinder anstrengt.

Religion heißt nicht, dass Herr und Knecht
sich im Unendlichen treffen werden.

Wer sich von keiner Religion mehr bevormunden
lässt, kann immer noch unzurechnungsfähig sein.

Religion : Mit dem Ich, ohne das alles wie nichts
ist, ist es selber nichts.

Das Christentum wäre nicht halb so unbeliebt,
ließen Hirten sich gern führen von einem Lamm.

Alles, was uns nur schwerfällt, ist deshalb noch
nicht christlich oder vernünftig.

Immer ist es bis zum Jüngsten Tag noch so lange
hin, wie es her ist seit Christi Geburt.

Christentum auf Deutsch: Liebe deine Schwulen-
und Ausländerfeinde!

Eine Liebe zu denen, die uns nichts für sie tun lassen, kommt christlicher Feindesliebe schon verdammt nahe.

Wer nur gegen seine wahren Interessen handelt, ist noch kein Christ.

Christen lassen Jesus büßen, dass er all ihre Schuld auf sich nahm.

Ein Christ, der sich nicht bereichern will, um durch Armenhilfe eine arme Kirchmaus werden zu dürfen, ist ein armer Teufel.

Christen gefährden sich auch nicht mehr durch Barmherzinfarkt.

Christentum hat gesiegt durch seine Niederlage: Jeder lebt heute schon ganz von selbst selbst-los.

Christentum ist die Tugend, aus dem Tod eine Jugend zu machen, hat aber zu viel Geduld mit allem Überirdischen, -sinnlichen und -natürlichen.

Rache ist süß, und Christen sollten mehr diabeten.

Das moderne Leben ist Kampf ums Dabeisein:
Linke kämpfen ums Dagegensein,
Rechte ums Damals- und Davorsein
und Christen nicht ums Daruntersein.

Christentum heißt, dass nur gefällte Bäume
in den Himmel wachsen.

Christen müssen glauben, dass Christus
sie persönlich nicht gemocht hätte.

Gute Tipps. Humanisten halten die Zehn Gebote
nicht, weil die von Gott kommen.

Aufklärung heißt, dass die Kirchen unsere Sinne
beglücken und Atheisten unserem Unglück
einen Sinn geben wollen.

Lasst nicht nur das Dorf in der Kirche!

Gott kommt nicht in den Himmel, das ist so sicher
wie die Armen in der leeren Kirche.

Wer seine Grundsätze über Bord wirft,
setzt sein Lebens- und Kirchenschiff auf Grund.

Bosheit wird erst im Jenseits, die Dummheit schon
im Diesseits abgebüßt. Atheisten wollen ungestraft
böse und Fromme ungestraft dumm sein dürfen.

Sie ziehen nur verschiedene Schlüsse daraus:
Gläubige und Atheisten können sich an der Welt
gar nicht sattsehen.

Bibel : Es wird zurecht gesagt, alles Wesentliche sei
schon gesagt, aber dass alles Wichtige schon gesagt
ist, lässt sich ja gerade niemand gesagt sein.

Nichts ist wandelbarer als die Sinnbilder
der Unsterblichkeit und nichts unveränderlicher
als die Symbole der Vergänglichkeit.

Um unsterblich zu werden, genügt es nicht,
über die eigene Leiche zu gehen.

Der liebe Gott fragt uns bis zum Tode
die Seele aus dem Leibe.

Glauben heißt nicht wissen, aber nicht glauben
heißt gewiss auch noch nicht wissen.

Um eine Wahrheit glühend verfechten zu können,
genügt es, sie selbst nicht ganz zu glauben.

Wer nichts glaubt, muss deshalb nicht alles wissen.

Niemand nimmt den Glauben an,
weil ihm ein verdienter Erfolg zuteil wurde.

Früher war es der Glaube, der Berge versetzt,
heute ist es die Atombombe.

„Nieder mit dem Patriarchat!"
Offenbar hat es das Volk der Bibel überlebt.

Für welche Wesen (außer uns) könnte diese Welt
wohl das Jenseits sein?

Wer für Religion wirksam werben möchte,
sollte die Argumente der Aufklärer verbreiten,
und wer seinen Schöpfer für Geschmackssache
hält, muss wenigstens nicht mehr nachdenken.

Unbekanntes bewirkt Erkenntnis. Wissenschaft
erkennt die Funktion von Religionen, Religion
die Funktion von Funktionen und Wissenschaften.

Freud befreit mich von seinem Komplex,
Religion sei mein Komplex.

Religion befreite uns vom Glauben, frei zu sein,
wenn wir uns frei fühlen. Hirnforscher hinken nach.

Durch Religion wollen sich die Guten besser
machen, die Schlechten nur besser fühlen.

Religion ist, dass das große Ganze ganz klein
und das All nicht alles ist.

Christliche Ehescheidung ist schon der Ehebruch,
der sie rechtfertigen soll.

Manche glauben, Christus sei eine Kreuz(ig)ung
von Gott und Mensch.

Für Christen leben Reiche gut und Arme ewig.

Man wird zum Staub, aus dem man sich macht,
doch Christen vollenden sich, wo andere verenden.

Widerlegt wirkt ein Gott, der in Christus starb,
und ein Christus, der nur in Kirchen auferstand.

Kategorischer Imperativ : In Christus wird Gott
nicht Mensch und menschlich, aber Gottes Gesetz
in menschliche Hand gelegt.

Superreich im Himmelreich? Christentum war die
Idee, dass der Knecht mehr wert sei als (sein Preis
für) die Herren.

Es war einmal ein Christengott.
Nun ist er ein Mensch wie du und ich?

Christ oder Sozialist? Am weitesten sieht,
wer am tiefsten steht.

Der Christ wehrt dem Guten, um es zu stärken,
doch nicht dem Übel, um es nicht zu stärken.

Christ : Behandle mich wie dich und dich wie mich!

Potemkinsche Christen lassen die potemkinsche
Kirche im potemkinschen Dorf, und Geld regiert
die Welt nie als Tyrann.

Ein Christ sieht stets ein langes Leben vor sich
und ein kurzes hinter sich.

Besser christliche „Moral der Schlechtweggekom-
menen" als Nietzsches Amor(al) der Zugutweg-
kommenden.

Noch im 19. Jh. waren Akademiker Christen, nun
sind sie A(nti)theisten : Früchte tiefen Nachdenkens.

Christen und Atheisten halten Stammbäume
des anderen für Angeberei.

Christus wollte alle arm sehen, damit nicht hundert
alles haben und alle anderen gar nichts.

Schließ einem Christen die Augen,
und du öffnest sie ihm.

Wallfahrer : Kirchennomaden.

Christentum. Gott wurde Mensch.
Nicht der Mensch.

Ein Christ erwartet vom Tod mehr,
als das Leben geben kann.

Christentum heißt nicht,
dass Gott Menschenaffe wurde.

Spätestens seit *Luther* beten Christen
um einen ungerechten Gott.

Im Christentum sind reuige Täter nur verlorene
Söhne und unschuldige Opfer nur arme Erbsünder.

Die Kirchen sind nun leer,
überfüllt von innerer Leere.

Die Kirche beschränkte die Inquisition auf wenige
ganz bestimmte Menschen, die Naturwissenschaft
weitete sie auf alle Leute aus.

Die Bibel verhält sich zur Menschenrechtserklärung
wie ein guter Tipp zur Utopie.

Fürchtegottlieb. Der Ewige hat Humor,
Er spottet jeder Beschreibung durch Wesen,
die Er in der Bibel eingehend beschrieb.

Psychologen analysieren uns die unsterbliche Seele
aus dem fitten Leib.

Die Seele ist unsterblich, wo sie Geist hat
und ewig gültige Logik versteht.

Große werden nach dem Tod vergessen, Kleine
vorher. Unsterblich sind unverständliche Versteher.

Mit den Göttern verloren nicht nur Künstler
ihre Unsterblichkeit.

Nichts Wirkliches könnte ganz anders sein, als es ist,
sagen Forscher. Außer der ganzen Wirklichkeit
selbst, sagen Fromme.

Die besten Bilderstürmer sind nicht fromm,
sondern Maler.

Glaube ist der weite Himmel im engen Grab.

Bibel. Das Neue verhält sich zum Alten Testament
wie Glaubensbekenntnisse zu Gotteserkenntnissen.

Das Kreuz, das ich nicht tragen muss,
drückt dich mehr als dein eigenes.

Mancher verzweifelt am Glauben,
glaubt aber nicht (oder nur) seinen Zweifeln.

Mancher glaubt nur an einen Gott, den er selbst
erfand, und leugnet den, der ihn selbst erschuf.

Man sieht nur, was man glaubt,
und was man sieht, ist unglaublich.

Wann nimmt Außerirdisches Kontakt mit uns auf,
fragt der Aufgeklärte, der an Unterirdisches und
Übermenschen mehr glaubt als an Überirdisches.

Glauben heißt, den Augen eines Unsichtbaren
zu trauen wie der eigenen Blindheit.

Wer an Auferstehung glaubt,
glaubt an den aufrechten Gang auch für Tote.

Wer an seine unsterbliche Seele glaubt,
hält sich leicht für Teil des ewigen Gottes.

Christen glauben heute an Christus
wie Filmfreunde an die Diva.

Dem Zeitgenossen ist wichtiger, was du tust,
als was du denkst. Dem Christen wiegt schwerer,
was du glaubst, als was du verbrichst.

Ein Christ glaubt, dass der Gescheiterte den
Gescheiteren überlebt, dass ein ermordeter Gott
alle menschlichen Gewinner richtet.

Um menschlich zu sein, darf man eher tierisch
als göttlich sein und nicht an sich
und den Menschen glauben.

Ich bilde mir ein, dass ich mir nicht nur etwas
einbilde, wenn ich an die Realität glaube,
indem ich meinen Glauben realisiere.

Die nicht an Teufel glauben,
grenzen selbst an Teufel.

Gott hilft dem, der Ihm glaubt, Satan nur dem,
der nicht an ihn glaubt.

Auch der dogmatische Unglaube heute kennt schon
immer mehr Ketzer.

An ihren Schöpfer glauben nur
schöpferische Menschen.

Glaubt man Gott, ist der gestirnte Himmel über uns
das beste Dach überm Kopf.

Atheisten : Ungläubige, die fest an das Dogma
von der befleckten Empfängnis glauben.

Aufgeklärte glauben nur noch,
was sie mit eigenen Augen fernsehen.

Glaube beruht darauf, dass Begründungen
von Begründungen auf Abgründen beruhen.

Glaube ist ein Schritt über dich hinaus,
Wissen ein Fortschritt über dich hinweg.

Dass der Glaube das Leid sinnvoll macht,
verhütet die Vernunft, deren Sinn es ist,
den Schmerz zu verhüten.

Politik macht, wer sich schuldlos glaubt,
und ein Paradies wäre keins ohne Schlange.

Wer Leute *aufklären* will, muss ihnen Wissen
als Aberglauben verkaufen.

Wer nicht dran glauben will,
will sein himmelblaues Wunder erleben.

Unsterblicher Glaube an Unsterbliche?
Die Welt hat die Religion schon demokratisiert,
die Religion aber die Welt noch nicht rekultiviert.

Die Kirche hatte Recht, als sie Kopernikus nicht
glaubte: wir wissen heute, dass sich nicht alles
um die Sonne dreht.

Glaubt den Theologen leichter, wer Physiker
nicht versteht, und versteht die Natur schon,
wer Gott nicht braucht?

Wer Menschen vergöttert, vermenschlicht
den Teufel, und bete lieber noch Bilder
und Vorbilder an als dich selbst.

Unglaublich, was alles glaubt, wer nichts versteht,
und wie wenig versteht, wer gar nichts glaubt.

Die Zehn Gebote stammen nicht vom Teufel,
um Sünden verführerischer zu machen.

Religion verheißt Reichen, sie seien arme Sünder,
und armen Teufeln, sie hätten das Himmelreich
schon in der Tasche.

In die Arme sinkt man dem Engel
und fliegt man dem Teufel.

Was du verstehst, kann des Teufels sein,
was du nicht verstehst, muss nicht Gottes sein.

Ein neuer Engel vermehrt die Welt um zehn Teufel.

Viele wollen lieber eine Hölle voller Engel
als einen Himmel aus lauter Teufeln.

Wer dich vergöttert, verteufelt sich;
wer mich verteufelt, vergöttert sich.

Wir himmeln ihn an, ohne es wissen zu wollen,
doch Satan verteufelt uns nicht.

Die meisten von uns würden alle Teufel
und alle Engel unter uns am liebsten
auf eine einzige ferne Insel verbannen.

Erbitte vom lieben Gott nichts,
was der Teufel erhören könnte, und umgekehrt.

Man kann der Kirche nicht zugleich vorwerfen,
sich zu weit vom urchristlichen Jesus und nicht
weit genug von der unaufgeklärten Dorfreligion
entfernt zu haben.

Kirche ist die permanente Modernisierung Gottes
und Jeshua Christus die älteste Tradition der Kirche.

Statt Schnaps und Kirchen bringt man den Natur-
völkern heute IT und Menschenrechtsdeklarationen.

Die Kirche erinnert uns stets an die Sünden
und guten Werke, die sie uns vergeben hat.

Die Demokratie hat das Christentum vor kirch-
lichem Absolutismus, die Religion aber die Demokratie nicht vor kulturellem Relativismus gerettet.

Pharaonenreich und Kirche haben eins gemein:
sie lebten von Unsterblichkeit und starben daran.

Seit die Kirche nicht mehr mit der Hölle drohen
mag, schlimmer als Krieg, kann sie nicht mehr
mit dem Himmel locken, schöner als Sieg.

In der Kirche hat der eine Gott drei oder unendlich viele Stimmen, in der Demokratie nur noch
eine einzige, die mehr gezählt als gewogen wird:
seit er totgesagt ist, nicht mal eine gebrochene.

Kloster? Ein Kirchturm ist leider auch nicht mehr
der Elfenbeinturm des Heiligen Geistes.

Leben war mal Übergang von Mutter Natur
zu Mutter Kirche und ist nun ein Wechsel von
Abrahams Schoß zum Schoß der Gesellschaft.

Christentum verengte den Monotheismus auf *ein* Gotteskind für *alle* Gotteskinder, nicht auf *einen* Vater für *ein* Volk.

Christentum heißt : Das Reich Gottes führte zur Befreiung vom römischen Reich, aber die Befreiung von Weltreichen nicht zum Gottesreich.

Wer Menschen beherrscht, indem er ihnen dient, ist noch kein Christ.

Der eine Christ verzeiht, was er uns antut, ein anderer rächt das Recht, das er uns gibt.

Der himmlische Vater wird zum christlichen Sohn, doch dieser zu keinem leiblichen Vater, da er keinen hatte.

Die *Nachfolge Christi* hatte oft Erfolg als Verfolgungsjagd.

Das Christentum sieht in jedem Reichen und Geistreichen eine Verarmung und in jedem armen Sünder eine Bereicherung der Welt.

Seit dem Ende des Christentums ist es schwerer und seit dem Ende des Sozialismus viel leichter geworden, arm und schwach zu sein.

Dieser Mensch hat mich tief enttäuscht, der ist für mich gestorben. Wie Christus für die Menschen?

„Gott ist tot", sagt *Nietzsche*. „Ja, ich weiß", sagt der Christ, „Christus ist gestorben, auch für ihn."

Die christliche Nächstenliebe läuft heute darauf hinaus, jedem Mitmenschen zu einem gesunden Egoismus zu verhelfen.

Ein normaler Christ ist für die Hölle zu gut und für den Himmel zu schlecht.

Christ sein 2000 : Liebe deine nächsten misslungenen Abtreibungen!

Von Christus unterscheiden sich viele andere gescheiterte Geistesführer dadurch, dass sie nie toter wirken als nach ihrer Wiederauferstehung.

Das Christentum achtet nicht die Gottesrechte des
Menschen, sondern die Menschenrechte Gottes.

Christen liefern keine Gottesbeweise mehr,
sie beweisen nicht einmal mehr, dass sie an Gott
glauben, aber Naturwissenschaftler beweisen stets
neu, dass sie Ihn wieder nicht finden können.

Christen praktizieren Demut,
um Gottes Gnade zu manipulieren.

Christ sein heißt, lieber Sklave im Himmel
als Herr der Hölle sein zu wollen.

Wer seine Feinde dadurch liebt, dass er
seine Wohltäter hasst, ist noch kein Christ.

Dass Christus seit zwei Jahrtausenden verliert,
während jeder weltliche Sieger höchstens zwanzig
Jahre lang siegt, ist der einzige Fall, wo das Recht
der Macht mit der Macht des Rechts halbwegs
zusammenfällt.

Die reiche Hölle ist das Reich Gottes,
das arme Sünder selber gründen.

Humanismus ist Auflehnung gegen gute Gesellschaft, gutes Christentum ist Ablehnung der Welt.

Der Christ fügt sich bewusst einem Dogma,
um die tausend Dogmen seiner Epoche zu
überwinden. Sein Gegner fügt sich unbewusst
tausend Dogmen seiner Zeit, um einem christlichen Dogma sich überlegen zu fühlen.

Gott darf als jeder Bettler auftreten,
jedoch kein Christ als ein Christus.

Der Christ wollte keine Macht durch Selbst-
erniedrigung, sondern sich verkleinern,
um Millionen der Geringsten von ganz unten
aus millionenfach vergrößert zu sehen.

Antichristen feiern Karfreitag nach Ostern.

Macht Gott sich schwach wie Christus,
glaubt der Christ, er sei mächtig wie Gott.

Christentum : Gott kann alles,
aber als Mensch alles besser?

Obwohl nur der Christus in Jesus uns hilft,
sehen wir lieber und besser den Jesus in Christus.

Wer nur seine Todfeinde liebt,
ist noch kein unsterblicher Christ.

Der Christ geht in den Himmel
über seine eigene Leiche.

Kein Christ, der den Tod hinausschiebt,
verkürzt sich das ewige Leben.

Christliche Feindesliebe schockiert
als letzte Perversion.

Reformation 2017 : Spendenbescheinigungen
als postmoderne Ablasszettel.

Wer um Gnade fleht, schreit zum Himmel;
wer Gerechtigkeit fordert, betet zu Satan.

Die Religion balanciert die Gerechtigkeit, die du
gerade noch verkraftest, mit der Ungerechtigkeit,
die dein Gnadengesuch bitter braucht.

Der Himmel ist so gnädig, unser Verdienst
anzuerkennen, und jeder dafür verantwortlich,
Gnade fehlen zu sehen.

Freiheit kann ebenso Gnade wie Unzurechnungs-
fähigkeit sein, und auf Gnade zu erkennen,
ein Verdienst oder ein Unvermögen sein.

Was er will, geniert ihn, was er hat, genießt
der Katholik. Der Protestant wird mit Wohlstand
belohnt und mit Genussunfähigkeit gestraft.

Die Bibel will das Wahre an sich,
das Babel will die Ware für dich.

Gottes altes und neues Testament erklärt sich
und uns Erben für voll zurechnungsfähig.

Die meisten Menschen müssten unsterblich sein.
Wer hat viel Geist, den er aufgeben könnte?

Der Wunsch nach Unsterblichkeit ist der
Wunsch, den Tod schon hinter sich zu haben,
aber die Chance, wiedergeboren zu werden,
ist nicht größer als die, geboren zu werden.

Materialisten leugnen unsterbliche Seelen,
Idealisten aber nicht sterbliche Leiber.

Der Traum des Gerechten:
Gute Menschen dürfen irgendwann sterben,
böse müssen unsterblich schmoren.

Unsterblich kann man(cher) schon werden.
Aber was für ein Leben!

Pfarrer sollten mehr für ihre Religion leben
als von ihrer Kirche.

Die Welt ließ sich nur religiös und lässt sich nur
mathematisch erfassen – das gleiche Wunder?

Mode verkleidet alles an uns, außer Hohlköpfe.
Sie ist die herrschende Religion des Leibes,
Religion nun die bedienende Seelenmode.

Die Religion des Mammon wird säkularisiert
durch erfolgreiche Bettelmönche.

Ist für Christen Gott auch nur ein Mensch?

Ein moderner Christ ist lieber ein komischer
Heiliger als ein humorloser Sünder.

Nietzsche bekämpfte das Christen-Rom
nur durchs Cäsaren-Rom.

In *da Vinci* siegte Athen über christliches Rom,
aber Euklids Mathematik über Platons Zahlen.

Kreuzen Christen sich oder das Schwert
mit dem Gekreuzigten?

Der Christ glaube dem Christus, aber an Gott.

Sozialdemokratie kämpft für Arbeit statt für Arme;
Christdemokratie für ihr Kapital statt für Reiche.

Sein Christentum hat Bachs Musik komponiert,
nicht lauter Lust an schönstem Lärm.

Erst Weltreligionen, dann Weltkriege,
dann Welthandel und Weltkulturerbe
und nun weltfremde Umweltphilosophie.

Die Trennung von Staat und Kirche
ward Kumpanei von Macht und Geist.

Aufrechter Müßiggang und Gedankengang
tun mehr als aufrichtiger Kriech- und Kirchgang.

Atheismus heißt der Glaube,
dass es Glück bringt, nicht an Gott zu glauben.

Angst und Nutz schufen eher Glaube als Götter.

Um nur an Gott glauben zu können,
glaubt mancher nicht an den Teufel.

Glaube macht aus deinem Tod deine Jugend.

Erschaffen nur Männer Unsterbliches,
weil Frauen nur Sterbliche erschaffen?

Unsterbliche überleben eher sich als einander.

Der erste Revolutionär der Menschheit entriss
dem Pharao das Unsterblichkeitsprivileg.

Sind Massenmörder unsterblicher als Genies?

Das Individuum wäre vielleicht unsterblich,
wenn Gattung und Gesellschaft ausstürben.

Der beste Platz an der Sonne ist die Wüste,
wusste schon die Bibel.

Religion ist Glaube, dass ein Verlust keine
Niederlage ist und ein Gewinn kein Sieg.

Religion ist Todeskampf ums Da(bei)bleiben.

Die Welt rennt vor einer Kirche weg,
die ihr hinterher rennt.

Materielle Sucht kompensiert oft religiöse Sehnsucht.

Der moderne Staat ließ sich von der Religion schei-
den, um die Naturwissenschaft heiraten zu können.

Ist es denn Sünde, dass nur Sünder über Sünder
müssen richten dürfen?

Kapitalismus ist eine Religion, die uns habselig
spricht; Glaube ist ein Kapital, das uns armselig
spricht.

Die *Umwelt* ist die moderne religiöse *Hinterwelt,*
und ein Umweltall gibt es nicht.

Religion ist lange nicht mehr
das Jüngste Weltgerücht.

Religion : *Ein* Gott für alle oder s*ein* Gott für jeden.

Religion ist die Kunst, Gottes kostenlose
Kunststücke zu bejubeln, ohne die teuren
eigenen zu verdammen.

Der Christ glaubt nur an *einen* Gott,
der Antichrist nur alles Übrige.

Christen waren Sklaven, die Sklaven befreiten.
Nur Sklavenhalter sprechen Abtreiber frei.

Christen opfern sich gern (her)auf.

Der Christ liebt sich selbst wie seinen ärgsten Feind.

Christus nahm uns die Sünden ab.
Die Kirche erlegte uns die Bußen auf.

Der Christ kann seinen Herrn beherrschen,
indem er zwei Knechte zugleich bedient.

Mancher Christ nimmt Gott ins Gebet.

Mancher glaubt von Christus nur,
dass die Kirchen irren.

Ein Christ, der Arme nicht bereichert, verarmt.

Friedfertigkeit : Christliche Schlagfertigkeit.

Hat der Christ mehr Talent,
den Nächsten talentierter zu finden?

Kommunionen exkommunizieren sich weniger
durch Kommunismus als durch „Kommunikation".

Mutter Natur wie Mutter Kirche rennen den Menschenkindern hinterher, die ihr den Hintern zeigen.

Gegen die Kirche spricht nicht länger Dogma und Strafpredigt, sondern eher Petri Selbstverleugnung.

„Lumpenproletarier", die Marx aus seiner Leibklasse feuerte, lud Jesus in sein Himmelreich, aus dem Mutter Kirche sie wieder vertrieb.

Die Kirchen selbst haben die Sünde abgeschafft, um die Lüste zu beenden.

Volle Taschen dämpfen Todesangst besser als leere Kirchen.

Es gibt einen Gott – zu glauben und zu bezweifeln.

Gott ist auch ganz anders, als du *nicht* glaubst.

Um dem Himmel auf Erden zu entkommen, ist kaum ein Jenseits fern genug; um Utopia zu erreichen, muss ich den Schreibtisch nicht verlassen.

Man liebt den Ewigen nicht mehr, seit man nur
noch glaubt, dass Er nur Arme und Defekte liebt.

Der Ewige ist ein strenger Lehrer : Er lehrt
nützliches Wissen und bestraft blinden Glauben.

Gotteserkenntnis ist kein Glaubensbekenntnis,
Lebensweisheit aber zumeist Aberglaube.

Jugendwahn, nicht Unsterblichkeitsglaube,
ist die Afterlife-Krise.

Eine gottlose Welt ist so beliebt, weil sie glaubt,
den Teufel los zu sein.

Glaubt nicht an die Gottlosen,
-verlassenen oder -verfluchten!

Man weiß, dass es einen geglaubten Gott gibt, und
glaubt, dass es einen allgemeinverständlichen gibt.

Wer die Götter zu erfinden glaubte,
fand sich verehrungswürdiger als sie.

Atheisten glauben an Nietzsches toten Gott,
der sie erlöst von Gericht und Rechenschaft.

Am leichtgläubigsten ist stets
der ungläubige Thomas.

Mancher Atheist glaubt mehr, als er glaubt.

Erst schaute, dann haute
Luther dem Volk aufs Maul.

Dass jeder Mensch sterblich ist, scheint unsterblich.

Zukunftshoffnung erlöst von Unsterblichkeit, und
werden Menschen unsterblich, stirbt ihr Schöpfer.

Jeder trägt sein Kreuz wie einen Tapferkeitsorden.

Neues Testament, ein unerlöstes Kreuzworträtsel.

Die Bibel ist der Beipackzettel der Schöpfung –
mit Dosierungsanleitungen und Nebenwirkungen.

Die Kreuzung von Gott und Mensch
ist erst einmal eine Kreuzigung.

Der Autor der Bibel hatte weder Musen vorher
noch Nobelpreise nachher.

Die Bibel wird kaum noch gelesen,
weil sie die Deklaration der Menschenpflichten ist.

Sich bessern ist beten, ohne zu betteln.

Geldmittel haben den Zweck,
größere Lebensmittel zu heiligen.

Muttertiere werden so oft hofiert
wie Huren und Heilige geehelicht.

Der Heilzweck instrumentalisiert das Heilige.

Im Paradies darf man sündigen,
in der Hölle heilig sein.

Bereute Sünden sind geachteter als unterlassene.

Pop, PKW und Fußball – unheilige Dreieinigkeit,
die keine Blasphemie duldet.

Wer zu unfrei ist, verkümmert sehr,
wer zu frei ist, sündigt mehr.

Die *Sieben Todsünden* wurden Karrieretipps:
Hoffart – gesundes Selbstbewusstsein
Geiz – gesunde Geilheit und Sparsamkeit
Unkeuschheit – gesundes Liebesleben
Neid – gesunder Konkurrenzeifer
Maßlosigkeit – gesunder Selbsterhaltungstrieb
Zorn – gesunde Aggressionsabfuhr
Trägheit – gesund entschleunigte Gelassenheit

Eltern sündigen, Kinder schämen sich,
Enkel verspotten beides.

Ackern, das anfiel, war der Sündenfall im Paradies.

Jugendsünden : Alterserscheinungen.

Kommt in den Himmel, wer sein Leben opfert
oder für seine Opfer lebt?

Mit der Hoffnung auf den Himmel
ist die Höllenangst leider auch verschwunden.

Ist der Weg zum Himmel
mit schlechten Vorsätzen gepflastert?

Gott sitzt so wenig im Himmel wie Satan im Atom.

Die Hölle liegt über der Höhe,
der Himmel unter der Tiefe.

Geht heute durchs Nadelöhr des Himmels
eher der schlanke Reiche als der fette Arme?

Steter Wechsel zwischen Himmel und Erde
und Hölle erfreut als Paradies.

Übervölkert ist nur die Hölle, von allen,
die in den Himmel auf Erden kommen wollten.

Freud hätte das allererste Elternpaar nicht
analysieren können. Beide hatten unter Gottvater
keine Kindheit.

Menschenrechte und absolute Werte, gibt´s die?
Wenigstens eher im Himmel als im Handel.

Unrecht schreit zum Himmel,
doch schreit gnadenloses Recht zur Hölle?

Wer den Himmel auf Erden hat,
macht ihn anderen zur Hölle.

Sartre : „Die Hölle, das sind die anderen"
im Himmel.

Marx stellte uns vom Kopf auf die Füße zurück,
damit uns die Hölle statt der Himmel zu Füßen liegt.

Langeweile : Hölle im Himmel.
Tränenmeer : Himmel im Höllenfeuer.

Was Gott mal auseinandergesetzt hat, soll(t)en
Menschen nicht unausgesetzt zusammensetzen.

Mancher Künstler bat den Herrgott,
sein Nachlassverwalter zu sein.

Gott lässt würfeln.

Seit Gott uns nicht mehr theomorph sieht, sehen wir
uns animalisch, anthropomorph oder zoomorph.

Was Gott geschieden hat, will Satan vereinen.

Die Welt ist Gottes luxuriöser Trick,
aus dem Nichts ein neues zu machen.

Der Böse wird glücklich, wenn ihm alles glückt,
der Gute nur, wenn Gott existiert.

Der Orient wählt noch keinen Chef auf Zeit,
der Westen keinen Gott auf ewig mehr.

Der eine denkt folgerichtig, der andere erfolgreich,
der dritte an die Folgen. Gott verfolgt ganz anderes.

"Gott ist tot, und den Teufel gibt es nicht", sagt dieser.

Gottesfurcht : Gleichgewicht
von Lebensangst und Todesangst.

Wer nicht alles Gott überlässt oder nicht handeln soll, muss arbeiten.

Krieg ist kein Frieden mit Gott, doch „Arbeitsfrieden" ein Weltkrieg gegens Reich Gottes.

Gottvater machte den Atheismus
zu einer Form des Feminismus Höherer Töchter.

Für die brennenden Fragen der Zeit
wird Gott keine Sintflut mehr schicken.

Gott schuf die Welt, Sein Ebenbild
machte sich daraus die eigene.

War der Paradiesgarten vielleicht ein Gottesacker?

Gott ist tot, es leben unendlich viele Götzen,
Halbgötter und Diven!

Gottes Gesetze sind keine Schikanen des Spielverderbers, sondern Tipps, um Kinder vor sich selbst zu schützen.

Erschuf Gott sich Ebenbilder,
die ihn (er)schaffen sollen?

„*Gott ist tot*"? Blutige Idioten
sind seine Nachfolger.

Ist es ein Gottesbeweis,
dass nur Teufelsbeweise überzeugen?

Besteht das Reich Gottes aus den Gütern,
die jeder anderen freiwillig opferte?

Wir wurden Götter, die Gott eher versucht
und versuchen als suchen.

Der Mensch will das Nichts aus der Welt schaffen,
die Gott aus dem Nichts erschuf.

Dreifaltigkeit. Beim ersten Mal gab uns der eine
Gott sein Gesetz, das er beim zweiten Mal zu Luft
und Liebe entschärfte und beim letzten Mal wieder
gnädig einschärfte.

Gott schuf die Sterne, sein Ebenbild die Stars.

Man redet viel von Gottes Schweigen
und verschweigt Seine vielen Reden.

Ungleichheit der Menschen heißt
Gleichheit vor Gott und Gesetz.

Gott schuf die Affen, Darwin machte sich zum Affen.

Wer ungestraft ein Teufel sein will,
findet mehr Argumente gegen Gottes Existenz.

Geh mit Gott! Er ist schon gegangen und
denen vergangen, die sich an ihm vergingen.

Der Mensch beherrscht als Sklave Gottes die Welt
und dient als Satans Dom- und Kammerherr.

Ordnet kein Gott die Welt auf uns hin,
muss man es selber tun.

Macht erst der Techniker aus böser Natur eine gute
Mutter, die Gottvater ihm nicht gegeben hat?

Beginne mit Erkennen dort, wo Gott mit Erschaffen aufhörte, und ende erst da, wo Er anfing.

Heutige Satzungen sprechen Gottes Gesetz nicht frei und verabschieden es nicht.

Gott ist tot? Erst mundtot gemacht, dann totgesagt, dann totgeschlagen, dann totgeschwiegen – und dann dein Totengräber.

Schlechtes Gewissen ist Angst vor schlechtem Ruf bei Gott oder der Welt.

Gott heißt, wonach auch Vollkommenes sich sehnt.

Hat der Schöpfer all unsere Bücher besser gelesen als jedermann Sein einziges?

Dem Schöpfer fehlt zur Vollkommenheit nicht einmal eine Schwäche (für mich, sagt Sein Ebenbild).

Die schönste Rose hat schmutzigste Wurzeln, das niederste Geschöpf den höchsten Schöpfer.

Descartes? *Ich denke, also bin ich* des Teufels.

Die Existenz überlassen Götter ihren Geschöpfen.

Als der mittelalterliche Mensch noch im Mittelpunkt des Alls stand, sah er sich als ein Nichts vor seinem Schöpfer. Seit er sich nur noch als Staubkorn im Unendlichen weiß, fühlt er sich als Herr der Natur.

Machen Zehn oder 614 Gebote
den Herrgott berechenbar?

Mal nicht den Teufel an die Wand,
doch ist jedes andere Bild schöner?

Moral würde zum Kinderspiel,
würde sie als Teufelei betrieben.

Das Gute ist ein Verbrechen an besseren Kreisen
wie der Teufel ein Engel für schlechte Gesellschaft.

Wer das Böse bekämpft, wird zum Teufel.
Wer es nicht bekämpft, geht zum Teufel.

Ich jag dich nicht zum Teufel. Der hilft dir nur.

Auch Ungerechten kann man Unrecht tun
und auch den Teufel verleumden.

Wer mit Engeln rechnet, findet Teufel;
wer mit Teufeln rechnet, findet Leute.

Gottes Verstand wirkt wie menschliche Einfalt
und menschliche Bosheit wie Satans Güte.

Ist Gott ein *one-book-writer*,
ist Satan der Co-Autor unserer Bücher.

Gott existiert, da das Wesen der Welt logisch ist. –
Satan existiert, da *das* nicht logisch ist.

Heißt leben, Gott und Satan fürchten zu lernen?

Satan wünscht, deine verwünschten Wünsche
zu erfüllen, Gott wünscht, dich vor ihnen zu retten.

Das Wort zum Werktag spricht der arme Teufel.

Menschen sind stets im Gespräch –
von Gott und Satan wie übereinander.

Wo Engel nur verkleidete Teufel sind,
sind Lügner noch keine verkleideten Wahrsager.

Teufel sind zu allem und zu allen gut.

Wir sind keine Atheisten,
wir nennen Gott heute nur anders.

Sorgst du für mein Leben vor dem Tod,
sorgt Er für dein Leben nach dem Tod.

Der Eine Gott gibt überall den Ton an,
nicht die Eintönigkeit.

Misstraut zu viel Selbstvertrauen
nur dem Gottvertrauen?

Du sollst deinen Vater und deine Mutter ehren,
auf dass es dir wohl ergehe und du lange lebest
auf Erden, *sagte Gottvater*. Du sollst Vater und
Mutter verlassen, um mir zu folgen, *sagte Jesus*.

Gott machte die Welt aus dem Nichts,
und ihr macht euch nichts draus!

Muss ich dich lieben, wo Gott mein Nächster ist?

Man spuckt Böses lieber an als aus, doch Gott
schluckt die Lauen jetzt wie arme Schlucker?

Nur als Sklave deines HErrgotts
würdest du deiner Herren Herr.

Gott handelt nur menschlich,
soweit Er kein Menschenwerk ist.

Schützt Mutter Natur vorm Vatergott, der uns
vom Rockzipfel der Mütter emanzipiert?

Radikaler Konstruktivismus heißt, auch Gottes
Ebenbild erschafft die Welt aus dem Nichts.

Der leere Raum war reine Energie mit
Weltschöpfungspotential, doch wer schuf das
Nichts, das allqualifizierte Quanten-Urvakuum?

Man vermisst sich oder ist so vermessen,
Gott wie die Welt zu vermessen.

Lasst sein, was zu schaffen,
lasst sein, was Gott schuf!

Seine Daseinsberechtigungsnachweise
sind die weisesten Gottesbeweise.

Nach Jesu Tod galt Gottvater vielen
als verkrachte Nichtexistenz.

Verhält Theologie sich zu Gott
wie Atomphysik zur Atombombe?

Gott schaut aufs Äußere, er liebt die Hässlichen.
Sie sind ihm teuer weil treuer.

Astronomie ist ein ertragreicher Vertrag von
Gehirnen und Gestirnen, wo Gott das All beisteuert.

Gott erschuf jeden Menschen,
der seinen Abgott erschuf.

Das Chaos ist schöpferisch
weil nur Material des Schöpfers.

Betrachtet Gott unsere Pläne als jene Zufälle,
die wir in seiner Vorsehung sehen?

Man kämpft für die *Menschenrechte*
auf Widerstand gegen Gottes Gesetz.

Finde dich selbst, ja, aber nur dort,
wo Gott dich auch sucht.

Gott rettet dadurch,
dass du dich selber retten kannst.

Gott ist Geist, heißt es. Geisteswissenschaftler
wissen nichts mehr davon.

Wo Gott Mensch wurde,
muss dieser kein Tier oder zu Stein werden.

Erst fand der Mensch die Welt erträglicher
und einträglicher als ein Fertigprodukt Gottes
und später als ein Rohstoff eigener Arbeit.

Die Welt steht vor Gott wie Gewalt
vorm Gedanken – als stünde ein tieferer Gedanke
vor höherer Gewalt.

Dein Weltbild minus schöpferische Einbildungs-
kraft erschöpft noch nicht Gottes Schöpfung.

Vor Gott, der uns radikal vereinzelt,
waren wir einst gleicher als vor dem Tod,
der uns nur noch trennt und atomisiert.

Wer Gott mehr belästigt als lästert, hat kaum Laster.

Begabungen sich nicht (aus)nehmen zu lassen,
ist auch Gottesdienst.

Beurteilt Gott uns am Ende danach,
wie wir seine Gaben angenommen, übersehen
oder als Gifte zurückgewiesen haben?

Das Tier, zu dem der Mensch sich machen kann,
ist ein anderes als das von Gott erschaffene.

Dass Gott mehr ist als Einbildung, ist Einbildung?

Wer Gott glaubt, glaubt an gar nichts sonst.
Wer Gott nicht glaubt, glaubt leicht an alles sonst.

Einst ward Gott der HErr geliebt
als himmlischer Vater, nun wird der eigene Vater
gehasst als häuslicher Herrgott.

Ebenbild Gottes, dein Bild verfehlt die Welt
wie die Welt ihr Urbild.

Wer gut sein will, will zu Gott,
und wem gut sein soll, zum Tier.

Dass Askese weniger langweilen kann als Erfüllung,
spricht für den Schöpfer.

Lux et crux. Den Knechten widersteht der Herren
subjektiver Wahn, den Herren nur des Herrgotts
objektive Wahrheit.

Ein bisschen Gottesgewissheit
steckt in jedem Gewissensbiss.

Gott ist allmächtig und sein Ebenbild zu allem fähig.

Teufel halten Güte für die raffiniertere Bosheit.

Buch der Weisheit : Wer Seine Gedanken liest,
macht sich jenen Begriff von Gott,
der Seine Existenz wie Sein Wesen beweist.

Gott sprach vom Fluch des Ackerns,
nicht vom Segen der Industrie.

Es ist dienlicher und herrlicher, einem einzigen Gott
zu dienen als hundert Diven und Übermenschen.

Was du verstehst, kann des Teufels sein,
was du nicht verstehst, muss nicht Gottes sein.

Gottes Freiheit liegt eher in Naturgesetzgebung
als in Naturgesetzeslücken.

Moderne Gotteshäuser wirken wie von Atheisten
entworfen, modernisierte Freudenhäuser wie von
Asketen.

„Gott ist tot"? Du sollst nicht töten.

Einst hielt man sich den Leibhaftigen vom Leib,
heute Seele, Geist und Gott.

Der Zeitgenosse nach Darwin stammt ab vom Gott
der Affen.

Ich kann etwas denken, da es da ist,
und es ist da, da Gott es gedacht hat.

Ein Atheist glaubt, es sehe Gott,
wer ins Leere blickt.

Bloßes Leben macht aus Gottes Erdenkloß
menschliche Trauerklöße.

Gedanken sind so tief wie unser Schlaf,
unsere Seufzer und Gottes Schweigen und Meere.

In Kants Ideen war für seine Zeit schon zu wenig
und ist für unsere Zeit noch zu viel Gott.

Gott denkt, er mache vor; sein Ebenbild
macht sich vor, es denke nach.

Gottesbeweis : Der Glaube, auch ganz ohne Ihn
auszukommen und sein Auskommen zu haben.

Niederwerfung von Herren glückt nur
als Niederwerfung vorm HErrn.

Hörner, die zum Teufel machen,
machen auch zum Ochsen.

Wer arme Teufel für sich arbeiten lässt,
arbeitet für den reichen Teufel.

Um Satan nicht zu beschwören,
zermalmte Kant keinen Teufelsbeweis.

Der Teufel kommt nie in die Hölle,
sondern wo er ist, da ist die Hölle los.

Der Teufel stößt sich die Hörner ab,
um den gefallen(d)en Engel zu spielen.

Evolution : Stammt der Mensch ab vom Teufel,
der den Ewigen nachäffte?

Der Materialist himmelt die Erd(oberfläch)e an
wie Satan die Seelen.

Die *Krone der Schöpfung* residiert in Lust-
und Luftschlössern mit Folterkellern.

Die Schöpfung ist ein Todesurteil über unsere
Urteile, und jedes Weltbild verurteilt dieses Urteil.

In eigenen Kindern zeugst du weitere Ebenbilder
(deines Schöpfers).

„Eigentum ist Diebstahl" am Schöpfer, nicht am
Armen, und jeder Besitz ist so ungerecht, dass uns
die ständige Angst um ihn ganz gerecht erscheint.

Hinterlasse den Schöpfer so, dass ihm anzusehen ist,
er hat dich geschafft.

Technik: Versuch menschlicher Geschöpfe,
den Schöpfer zu (ver)bessern.

Emanzipation vom Schöpfer wirft jeden Kerker
in jeden Menschen.

Ehrliche Furcht vor seinen Geschöpfen flüchtet sich
gern in Ehrfurcht vor dem Schöpfer.

Die bizarrsten Romane und Philosophien
von Genies sind uns verständlicher
als die einfachsten Naturgesetze des Schöpfers.

Lichtjahrmilliarden sind der astronomische
Spitzname des Schöpfers.

Der ungerächt Gerechte, der dem Allmächtigen
gefällt, missfällt allen Mächtigen.

Theologie als forsche Wissenschaft vom Uner-
forschlichen ist oft Unwissen vom Erforschbaren.

Aufklärung machte rationale Entmythologisierungen
zu atheistischen Mythen.

Kommt Tierschutz ohne Pflanzenversuche aus
und Götterschutz ohne Menschenversuche?

Schurken werden für Verdienste bestraft
wie Heilige für Vergehen belohnt.

Scheinheilige im Leben fürchten Scheintod im Sarg.

Die sieben Todsünden bestehen nun darin,
sich Lebenshilfen zu nennen.

Wer will für Tugenden belohnt werden
durch die Erlaubnis zu sündigen?

Verdient euch die Schicksalsschläge
durch genug Sünden und Dummheiten!

Wer sich auf Erden fremd fühlt,
fiel deshalb noch nicht vom Himmel.

In die Tiefe und Untiefen steigt nur, wer weniger
im Erdreich als im Himmelreich wurzelt.

Ist der Himmel unser Fundament,
stehen wir ständig Kopf.

Wir Stereotheisten glauben an Gott und die Welt,
und glauben jedem außer dem Herrgott,
wir Monoatheisten.

Lebensangst und Todesangst lenken voneinander ab.

Mein Stern am Himmel :
das fünfte Rad am *Großen Wagen*.

Die Himmelsleiter zum Himmelsleiter
hat nicht unendlich viele Sprossen.

Niederes Volk kommt himmelhoch, doch nie nach
oben; Herr kommt in die Hölle, doch nie darunter.

Da jeder vom Himmel gefallen ist,
passt er nie ganz in Öko-Nischen.

Beide Beine fest auf der Erde verraten den Himmel.
Der Kopf sühnt ihn.

Abgründe. Die Himmel hoch droben waren nie
die Tiefen des Weltalls.

Wer Gott fühlen will, vergötzt die Gefühle,
und wer das Denken verteufelt, will nur nicht
an die Hölle denken.

Der himmelhöchste Turm beginnt
mit dem tiefsten Erdloch.

Nur Gott könnte die Naturgesetze so abändern,
dass du nie geboren wurdest.

Gott macht uns Todesangst,
also die Welt erträglicher.

Nichts ist belebender als Todesangst.
Sie stört nichts als die Friedhofsruhe.

„Gott ist tot" – außer in den Köpfen
Seiner Todfeinde.

Natürlich sind wir Atheisten.
Vor Gott wären Herren und Knechte ja gleich.

Schickte Gott seinen Sohn auf die Erde, weil unsere
Sünden von Seiner Höhe aus zu klein aussehen?

Der Menschengeist ist ein Gespenst
oder Fleisch von Gottes Fleischlosigkeit.

Um Gottes willen, mach dich aus dem Staub,
aus dem Er dich gemacht hat!

Wer nichts sehen kann, hat noch nicht Gott gesehen.

Gott schütze uns vor Schmutzengeln,
die uns nicht davor schützen, Engel zu werden.

Gott schuf alles aus dem Nichts, Sein Ebenbild schafft
aus nichts etwas. Er schuf die Welt in sechs Tagen
Arbeit, und uns schafft die Arbeitswelt in fünf Tagen.

Gott kann alles, auch gar nichts.

Seit Gott dem Erdenkloß Odem einbläst,
hält der den Mund und sich die Nase zu.

Wir nehmen uns und einander nur so,
wie Gott uns nicht geschaffen hat.

Ich habe im Unterbewusstsein nicht diese Sauereien
der Psychoanalytiker : Ich liebe Mutter Natur, und
Gottvater ist für mich schon lange gestorben.

Als Gott seine zwei Testamente gemacht hatte,
wurde er für tot erklärt.

Um Himmels willen, Gott ist tot? —
Gott sei Dank, Er hat so gelitten.

Himmel : Gottvaterland.

Beter lernt Not. Gott ist zu realistisch,
um nicht erfunden zu sein, und zu phantastisch,
um nicht zu existieren.

Gottesbeweis : Die Menschen wachsen
und mehren sich noch immer.

Jeder liebt seinen Feind nur so,
wie er seinen Gott fürchtet.

Als Gott den Menschen machte, vermachte er ihm in
zwei Testamenten, die einander anfechten, nichts als
nur Schuld. Aber er vergibt — Credos.

Kränken oder Henken? Der Mensch denkt sich aus,
Gott lenkt ein.

Ein Gott schützt uns vor den Göttern besser
als eine Frau vor den Frauen.

Eins hat Gott mit Heiden gemeinsam:
Auch Er tut so, als existierte Er nicht.

Wäre Gott uns vertraut wie ein Vater,
trauten wir uns ihm wenig anzuvertrauen.

Ein Humanist ist ein Mensch, der Gespräche von
Gläubigen mit ihrem Gott auch dann für sinnvoll
hält, wenn es Selbstgespräche sein sollten.

Die Menschheit zerfällt in zwei Gruppen : Die einen
geben Goethes Meinungen für ihre eigenen aus
und andere ihre eigenen Meinungen für die Gottes.

Lieber eine Gewissenschaft von Gott
als an die Wissenschaft glauben müssen.

Wir brauchen keinen Gott mehr,
wir können uns jetzt selbst beherrschen.

*Eden*tifiziere dich nicht mit deiner Umwelt!

Wenn der Mensch gottlos wird,
wird Gott unmenschlich.

Ebenbild Gottes? Wem von uns allen
sieht Er nun wohl am ähnlichsten?

Vor Gott muss auch der Arme gut sein,
vor Gottlosen genügt es, dass sie zum Armen
(und Verarmen) nicht zu gut waren.

Humanisten halten die Zehn Gebote nicht,
weil die von Gott kommen.

Ist das Leben die vorgezogene Höllenstrafe für die
verbotenen himmlischen Genüsse nach dem Tode?

Der Baum der Erkenntnis wächst so wenig in den
Himmel, dass er oft nicht mal aus der Erde kommt.

In der Geschichte geschieht nichts,
nur im Himmel und in Gedanken.

Der Himmelreichsapfel fällt nicht weit
vom Stammbaum der Erkenntnis.

Einige wehren sich gegen den Himmel auf Erden
dadurch, dass sie auf Manna, Ambrosia und Nektar
eine Importsteuer erheben.

Wenn nicht auch im Himmel ein Kapitalist
herrscht, sagt er, werden Fromme um Manna
und Nektar oft Schlange stehen müssen.

Wenn nun im Himmelsparlament alle Geschöpfe
befragt würden : Ob sich wohl eine Mehrheit fände
für die Novellierung der Naturgesetze?

Der Himmel ist ein großes Nichts, aber vielleicht
auch umgekehrt das völlige Nichts ein Himmel,
gemessen an der Hölle, vor der es uns nach dem
Tode bewahrt.

Der Himmel auf Erden wird in Ehen geschlossen.

Journalisten sind Nachrichter
und Theologen Weltgerichtsreporter.

Theologie ist Surrealismus der wahren Welt,
Surrealismus ist Theologie der Warenwelt.

Einst war die gesuchte Einheit von Theorie und
Praxis noch eine schöne Theorie oder Theologie.

Atheismus : *Dass* alles nur relativ ist,
gilt auch nicht absolut.

Der Mensch war die Krone der Schöpfung,
bevor die Monarchie abgeschafft war.

Die modernen Mönche fliehen die Versuchungen
des Geistes, kasteien ihren Kopf und verteufeln
die fleischlosen Genüsse intellektueller Naturtriebe.

Ist das Urteil des Jüngsten Gerichts (mit dem Teufel
als Pflichtverteidiger) zur Bewährung ausgesetzt
oder der § 51 über die Welt verhängt?

Weil die Hölle nicht auf einmal zu verarbeiten ist,
gibt es Geschichte : den Teufel auf Raten.

Wer wissen will, was glücklich macht,
müsste wissen, was der Teufel will.
Wird er deshalb heute geleugnet?

Dialektiker wollen nur den Teufel, der Gutes
im Namen des Bösen tut, mit Beelzebub austreiben,
der Böses im Namen des Besten tut.

Verbrecher sind selten so edel, wie sie böse tun,
und Heilige nie so übel, wie sie guttun.

Sünder beißen in den Gewissenswurm
und hängen an der Angel der Menschenfischer.

Wir leugnen die Erbsünde, obwohl doch nur sie
verständlich macht, warum Leute, die nie vom
Baum der Erkenntnis gegessen haben können,
sich aus dem Paradies vertrieben fühlen.

Manche gebeichtete Sünde ist ungebeichtete Sühne
für eine schlimmere.

Utopische Utopien sind Träume von einer Welt,
in der man nicht mehr träumen müsste
und es eine Sünde wäre, nicht zu sündigen.

Erbsünde heißt nicht, dass die Unschuld, die Jungfrau und Jüngling verlieren, auf ihr Kind übergeht.

Auf Freuds Couch beichtet jeder die Sünden,
die er nicht zu begehen wagt.

Höllhörig. Richte Lebenslauf und Gebet
nicht auf Gott, der Sein Wort an dich richtet!

Regen vom Himmel löscht kein Fegefeuer.

Dass man auf Erden lebt, kommt vom Himmel,
ob man in den Himmel kommt, vom Erdenleben.

Utopiefreie Himmel sind selbst utopisch.

Himmel oder Hölle : Weiter geht´s nicht.

Der Horizont hinterm Horizont hieß mal *Himmel,*
ob nun heb- oder senkrecht, und nicht Weltraum.

Fällt das Himmelreich den Opfern
von Weltreichgründern zufällig zu?

Auch das Himmelreich ist schon unter Reichen
aufgeteilt. Für Geistreiche bleiben Geisterreiche.

Hölle : Irdische müssen im Himmel ewig *leben*.
Himmel : Sie dürfen in Höllen *befristet* leben.

Weil ein Toter ganz zu Erde wird,
ist ein Lebender noch nicht himmlisch.

Kann man im Himmel sündigen und in der Hölle
Gutes tun, um sich rauszuopfern?

Irdisches wirkt vom Himmel aus noch viel
komischer als Himmlisches von hier unten aus.

Polyphone Sphärenmusik. Erhebe deine Stimme,
vielleicht gehört sie zu kosmischen Opern
für Himmlische, mit viel Kontrapunkt.

Theologie heißt : Das All kennt noch Rätsel
für jede Lösung einer mathematischen Gleichung.

Gibt es zu Atheisten auch noch Adiabolisten?

Wo Gott gar keine Rolle mehr spielt, ist er sicher
der Autor der ganzen Geschichte.

Ließe Gott sich beweisen, hätten Atheisten Recht.

Zerfällt die Seele mit der Welt, ist Gott der Fall.

Du preist Gott nicht, indem du Seine Schöpfung
durch eine eigene ver(schlimm)besserst.
.

Wir werden nur einmal geboren, doch Gott stirbt
uns ewig entgegen.

Gott ist das, was die Evolutionsforscher den
Zufall nennen, der sie in Jahrmillionen durch
überlebensfähige Erbmutationen erschaffen hat.

Ein geistiger Mensch begeistert sich für Gott,
der ganz Geist ist, und will die Schöpfung eher
kreativ verherrlichen als erschöpfend beherrschen

Damit die Erkenntnis keine Inzucht wird,
sei Gottvater immer der lächelnde Dritte im
Bunde von Menschensohn und Mutter Erde.

Ein Gott, der Fromme nicht belohnt, wird mehr
verehrt als einer, der Frevler nicht bestraft.

Wer sich selbst ein Bild von Ihm macht,
macht sich leicht seinen Gott selbst.

Sollst du dir auch kein Bildnis machen
von deiner Gottesebenbildlichkeit?

Menschliche Freiheit ist so zwingend notwendig
wie Kausalität der Natur eine freie Willkür Gottes.

Wenn der liebe Gott nicht existierte,
würden wir häufiger von Ihm träumen.

Gottvater ist tot, es lebe die Emanzipation
der Höheren Töchter!?

Gott in der Natur? Wer sie beherrscht,
beherrscht nicht Ihn.

Gott wäre nicht groß, kümmerte Er sich nur
um große Dinge.

Dass Gott von Menschen abstammt, stammt
von Darwinisten ab; dass der Mensch von Gottvater abstammt, stammt nicht von Affen.

Von den Herren der Welt befreit nur ein HErrgott. Seit Er totgesagt ist, reden uns grausamere
Herrschaften ein, uns nur von Ihm befreit zu
haben.

Wer von Gott neun Leben haben will,
findet seinen Abel.

Älter als die Logik sind nur Gott
und das Tohuwabohu.

Volkes Stimme war mal *Stimme Gottes*
und heißt nun *Stammtischpopulismus.*

Viele Leute eint das Ziel, Gott zu meiden,
und trennt das Ziel, Gott zu werden.

Unding an sich. Was meint "Gott" anderes als
den menschlichen Begriff von einem objektiven
Jenseits aller menschlichen Begriffe?

Gott gab uns freien Willen, damit wir irren,
und klaren Verstand, damit wir uns auch darüber
irren können.

Alle Aufklärer, die Gott und die Seinen
für veraltet oder für unklar erklärt haben,
sind inzwischen heillos obsolet oder obskur.

Kann man Böses erleiden wollen,
um nichts Gutes tun zu müssen
und sich doch Gottes Lohns sicher zu wähnen?

Gott hilft Angsthasen durch Verstecke
und Helden durch Phantasielosigkeit.

Wer den Herrgott nicht ehrt, ist seiner Herren wert.

Lass dich von Ihm demütigen, um das schärfste
Teleskop und Mikroskop der Welt zu haben.

Gott nennt sich letzte Ursache dafür,
dass es keine (zu finden) gibt.

Heute wird alles banal, also existiert kein Gott –
mehr für uns.

Die Menschen haben sich Gottes entledigt
wie eines unliebsamen Zeugen ihrer Sauereien.

Mancher sucht die Religion, da ihm ein
einziger Gott mehr Bedeutung und Beachtung
schenkt als die ganze Gesellschaft und Geschichte.

Man sucht nun mit Inbrunst in Sex und Geld,
was man mit Glück mal in Gott und der Seele fand.

Gott beantwortet keine Fragen, Er stellt sie,
wie Er uns stellt, und macht sie fragwürdig.

Was wäre Gottes Vollkommenheit, wenn Er sie
nicht vollkommen preisgeben könnte, also ver-
kommen, ohne aufzuhören, vollkommen zu sein?

Jeder ist stolz auf seine Menschenwürde,
seit er seine Gotteskindschaft infantil schimpft.

Alles kann der unendliche Gott in endlich vielen
Schritten, also sofort, der endliche Mensch aber nur
in unendlich vielen Schritten vollständig bestimmen,
also nie.

Der feinste Stoff ist noch nicht der gröbste
Geist und der größte Übermensch noch nicht
der kleinste Halbgott.

Im Vulkanausbruch wurde kein gerechter Zorn-
ausbruch Gottes gefürchtet, sondern in Gott
umgekehrt ein jederzeit mögliches Erdbeben.

Lieber fromme Betbrüder, schamlose Bettler
bei Gott, als fortschrittliche Tatmenschen,
unverschämte Räuber beim Nächsten!

Damit wir nicht eins werden mit Ihm, beginnt Gott
nicht dort, wo wir enden, denn wir fangen nicht da
an, wo Er aufhört.

Willst du Gottes Gedanken verstehen, übersetze die
Muttersprache deiner Gesetze in die Fremdsprache
der Zufälle.

Das Gewissen kommt von Gottvater,
das Über-Ich von Landesvätern.

Könnte Gott, das einzige Wesen, dessen Existenz
seinen Inbegriff nicht einschließt, denn mehr Macht
über uns haben, wenn er objektiv existierte?

Der *Baum der Erkenntnis* wurzelt im Erdreich
des Gottesreiches und in keinem Weltreich.

Der unfreie Wille stammt von Mutter Natur,
der freie Unwille verdankt sich Gottvater.

Ein gnädiger Gott wird oft der Rechtsbeugung
bezichtigt. Erhörte er jedes Gebet, käme er
als Mensch auf lebenslängliche Haft.

Reiche sind fähiger, keinen Gott zu haben
als nur einen einzigen für alle.

Als Adam und Eva Gottes Schöpfung sahen,
sagten sie: „Es ist alles sehr gut – zu verbessern."
Als sie ihre eigene Welt geschaffen hatten,
sagten sie: „Wir sind sehr gut."

Gott : Ewige Vermutung, dass es das All gibt
und sonst nichts – als Ihn.

Seit in Naturgesetzen nicht mehr Gottes Spielregeln
und Gewohnheiten (an)erkannt werden, kann keiner
mehr das Spiel abbrechen oder nur unterbrechen.

Wissenschaftstheoretisch ist die Gottesidee nicht
mehr als die bloße Hypothese, mehr als eine bloße
Arbeitshypothese zu sein.

Was Gott und die Welt und den Menschen
verbindet, ist kein Begriff, sondern ein Witz
bei der Urursache.

Theologie beruht nicht darauf, dass die Unbeweis-
barkeit der Existenz Gottes so wenig bewiesen ist
wie die Beweisbarkeit seiner Nichtexistenz.

An dem Sonntag, als Gott ruhte,
begann der Mensch die erschöpfende Arbeit
an eigenen Konkurrenzschöpfungen.

Bei Kants *Ding an sich* handelte es weniger
um Schopenhauers als – um Gottes Willen.

Ein gerechter Gott ist gefürchteter
als die blinde Fortuna.

Dürften sie Gott nicht aus falschen Gründen
leugnen, gälten viele Zeitgenossen
für keine richtigen Atheisten.

Der Mitmensch ist ein Wesen, das mich bei Gott
dadurch unbeliebt macht, dass es mir die Nächstenliebe absichtlich schwer macht.

In Gottes riesigem Zuchthaus bauen wir uns
viele kleine Zellen.

Gott vergibt uns sogar, wenn Er unsere Erwartungen
unerfüllt lässt.

In Philosophie, die uns zu hoch ist, fallen tiefe
Gedanken über das tiefe Schweigen von Gott
und der Welt mit tiefen Seufzern in tiefe Brunnen.

Gott belohnt uns mit allen Zweifeln an Ihm.

Auch das kosmische „Dreikörperproblem" von Gott
und der Welt und der Seele in Bewegung war immer
unberechenbar chaotisch.

Der Gottlose braucht Macht
und der Mächtige Gottlose.

Dass Gott unerkennbar sei, ist ein unerkennbares
Fakt über letzte Dinge an sich, und ein Urteil, dass
Metaphysik unmöglich sei, ist schon metaphysisch.

Atheisten schätzen/schützen die Religionsfreiheit.

Inzucht? Adam und Eva können sich *erkennen*, weil sie miteinander verwandt sind als Kinder desselben Vatergottes oder derselben Mutter Natur.

Gottesbeweis? Dass alles mit natürlichen Dingen zugeht, geht natürlich nie mit natürlichen Dingen zu.

Wer keinen Gott kennt,
der jede Personenmaske aufsetzen könnte,
ist keine Person, die *Ich* sagen dürfte.

Gott hilft dir, aber nicht gegen Bedrohung
durch meine Hilferufe.

Stammst du von Gott oder von Affen ab?
Dem „gesunden Menschenverstand"
liegt die Wahrheit auch hier in der Mitte.

Um menschlich zu sein, sollte man nicht
an den Menschen glauben.

Theologie ist menschliche Theorie der göttlichen
Praxis und Gesellschaft eine menschliche Praxis,
die Theorien über himmlische Theo-rie auslegt.

Gäbe es Göttliches in uns, wäre es von keiner
Repression und Depression erreichbar.

Pech ist die Poesie der Praktiker –
und die Theologie der Theoretiker.

Ein Sohn des Pastors kann Atheist werden
oder andere Theologien wählen.

Atheisten und Agnostiker sind Gutgläubige, die
geistige Abenteuer scheuen und Extremdisziplinen
für Körperertüchtigung halten.

Auch *Antifas* waren oft Antisemiten und Atheisten.

Alle Unabhängigkeit von den Mächtigen hängt
ab von der Abhängigkeit vom Allmächtigen.

Der *Aufgeklärte* gibt seinem Schöpfer die Peit-
sche und seinem Affen Zucker, bewerkstelligt
Wirklichkeit und wird Produkt seiner Produkte.

Du musst dich an mir versündigen,
aber mich dafür nicht bestrafen.

Wer die Abhängigkeit der Welt vom Schöpfer
bestreiten will, muss die Unabhängigkeit seines
Bewusstseins vom Sein (und seines Unwillens
vom Unbewussten) widerlegen.

Schreibt der Schöpfer ein Lebenswerk, auch
die Bücher eines Autors, ins *Buch des Lebens*?

Die eigene Schöpfung seines besten Geschöpfs
macht dem Schöpfer erschöpfend zu schaffen.

Mimesis? Wir ahmen den Schöpfer nach,
nicht mehr Seine Schöpfung.

Schöpferische "Kunst kommt vom Können"
der Schöpfung in uns.

Arme Sünder wurden arme Teufel, die nun
in Arme und Teufel heruntergebrochen sind.

Der Hirnforscher nimmt mir die Schuld ab und
die Freiheit, schuldig zu werden. Der Seelenhirte
nimmt mir die Sünde ab, aber nicht die Freiheit
zu sündigen.

Hoch über deinem Haupt beginnen erst die Tiefen des Alls, aber deshalb doch nicht das Himmelhoch unter deinen Füßen.

Gesellschaftliche Projekte heute schänden nicht Ökobiotope, sondern heilige Stätten.

Im Lustbeben sind wir dem Heiligen ferner als im Erdbeben.

Wer mir zu weit geht, bleibt mir nicht weit genug von meinen Heiligtümern.

Die Massenmörder des 20. Jahrhunderts wären früher rechtzeitig vor die *Heilige Inquisition* zitiert und früh genug verbrannt worden.

Solange du nicht unter die Erde kommst, lebst du unter einem Himmel.

Ein normaler Christ ist für die Hölle zu gut und für den Himmel zu schlecht.

Manche Sünden büßen durch neue.

Der Himmel enthält all das, was die Mehrheit
der Menschen vielleicht nie gewollt hat.

Der Herr der himmlischen Heerscharen
wäre mir lieber als ein Alexander, Caesar
oder Moltke, in denen er nicht wirken würde.

Der Himmel ist heute nur eine Hürde
für Aufsteiger, Astronauten und Kosmologen.

Bäume, die in den Himmel wachsen,
treiben ihre Wurzeln bis in den Höllenpfuhl.

Der Himmel werde dir nicht schwerer
als die Erde über dir.

Lichtblickwinkelglück. Die Hölle ist ein Labyrinth,
aus dem kein Blick von oben oder unten heraushilft.

Der Reiche steuert seine Flugzeuge,
der Arme seinen Himmel bei.

Wo Hoffnung keimt, schwindelt dem Abgrund
vor dem Himmel.

Der Sinn des Lebens liegt darin, dass oft das
Nichts schlimmer ist als die Hölle auf Erden
und der Himmel besser als das Dasein.

Erst der Himmel macht uns die Hölle heiß
und scheint nie so schön wie in der Hölle.

Man sieht den Himmel, nicht die Hölle.
Den Himmel nicht zu sehen, *ist* die Hölle.

Der Himmel ist die Hölle der Amüsierwilligen,
die Hölle der Himmel der Griesgrame.

Der Himmel bleibt, wenn auch nicht ewig
himmlisch angehimmelt.

Als gläubig gilt, wer dem Sterbebett ein Himmelbett
aufschließt statt dem Krankenbett ein Lotterbett.

Die Seele sollte schon in den Himmel fliegen,
bevor der Leib ins Grab fällt, nicht erst nachher.

Welche Reichen können ihre Tugenden beichten,
ohne unsere Sünden zu beichten, und umgekehrt?

Der arme Sünder im irdischen Jammertal fürchtet oft, dass er doch noch nicht in der Hölle ist.

Wird allein die große Sünde, keine begangen haben zu wollen, am Ende bestraft?

Schuld und Sünde heißt heute:
von Sünden statt von Schulden zu reden.

Für die Sünden der Söhne wurden die Urgroßväter belohnt – und umgekehrt.

„Was hat Christus denn versprochen?" —
„Sich".

J. L. Borges' Menschen sündigen so gern,
weil das Paradies eine Bibliothek sein könnte.

Philosophen : Sterndeuter himmlischer Vorsehung.

Der Schöpfer sagte von seinem Sechstagewerk:
„Es ist gut", aber nicht zum Verschlimmbessern
durch euch!

Menschen schaffen Worte, um die Welt zu erfassen;
der Ewige erschafft Welten, die Sein Wort erfassen.

Transzendenz. Der Ewige geht über alles hinaus,
weil nicht hinweg.

Der Sterbliche zeigt sich im friedlichen Turmbau,
der Ewige in Wüsten und Verwüstungen.

Der Ewige lässt *Hinterwelt*geschichte machen,
der Leibhaftige Halb- und Unterweltgeschichte.

Der Ewige schuf die Welt, ohne ihre Urursache
zu sein, die *vor* dem „Urknall" läge.

Der Ewige wurde oft gedeutet und geändert, um sich
nicht von ihm ändern und interpretieren zu lassen.

Schreibt der Ewige die Weltgeschichte
als Biographie der Menschheit?

Denk an deine Gedankenlosigkeit! Am Anfang ist
der Ewige, am Ende Unendliches, doch das Ende
eines Satzes sein endloser Gegensatz.

Wollte der Ewige mit Urknall und Evolution,
dass man glaube, auch ohne Ihn zu können?

Die Natur hat dein Hirn so erschaffen, dass es ein
so und so beschaffenes Weltbild erschafft, und der
Ewige hat dich so erschaffen, dass eine so beschaf-
fene Welt dich so schafft, dass du sie an- oder ab-
schaffen willst.

Lustige Lust auf lästigen Verlust
ist christlich oder masochistisch.

Die monotheistische Revolte der Armen
gegen die Reichen wird nun bekämpft als
terroristische Revolte gegen die Demokratie.

Frömmigkeit frommt (nützt) dir mehr als ein
Pragmatismus, der nie sein *Pragma* (Zeugs) kennt.

Man glaubt *den* inspirierten Sterblichen, die Sein
Wort aufzuschreiben glaubten, aber *an* den Ewigen.

Der Tor ist das Tor zum Himmel
statt ein Fabriktor.

Der Himmelhöchste als *Tillichs* „Tiefe der Wirklichkeit" oder *Weischedels* „Vonwoher der Frag-
lichkeit" von allem : Verabsolutierbare Relativie-
rung von *Hegels* „Absolutem"?

Abtreibung ist für den Himmel Massenmord,
dem die Mittelstandsgesellschaft ein feministisches
Alibi als Emanzipation verschafft.

Fallen Himmel in Höllen oder steigen Fegefeuer
ins Himmelslicht, entstehen irdische Wandelsterne.

Das Objekt ist dem Subjekt transzendent,
die Transzendenz ist beiden immanent.

Wenn der Glaube, unsere Sünden seien uns durch
Christi stellvertretenden Opfertod schon vergeben,
unsere Werke erst anrechenbar verdienstvoll macht
und zugleich selbst nur eine Gnade ist, werde ich
nicht gerettet ohne diese Gnade, die meine Werke
erst gut genug machen kann, um „glückswürdig"
(Kant) zu werden?

Vorsehung erst macht ebenso Werke gut *(Luther)*
wie Revolutionen *(Exodus)* vorsichtig erfolgreich.

Bleiben der gütig strenge Vater im Himmel (Gesetz)
und der „Allerbarmer" (Gericht) auch ohne Gottes
Selbstopfer (Liebe) die Erlöser – für den, der nicht
glauben kann, dass Christus Mensch *und* Gott zugleich war? *Dilemmata …*

Glückswürdig für Begnadigungen?
Runden oder wiegen nach Luther zu wenige gute
Werke die nur wenigsten bösen Werke auf?

Christ. Nimmt der Herr die Todesstrafe, die wir
verdienen, um sie uns zu ersparen, aus Liebe
zu uns im eigenen Sohn selber auf sich – wenn
wir nur dran glauben, und schenkt uns noch gnädig
diesen Glauben, wenn wir nur mehr guten Willen als
gute Werke vorweisen können, die erst durch Gnade
als verdienstvoll anerkannt werden?

Atmet der Schöpfer aus, entsteht ein All, atmet er
die Welt wieder ein, ein *Schwarzes Loch …*

Sollst du dich liebend mit deinem Schöpfer
vereinigen oder besser Sein Gesetz erfüllen?

„Es ist gut." Natur als Schöpfung ist
eher Fertigprodukt als Fertigungsmaterial.

Der Naturwissenschaftler kommt der Natur
nie näher als ein Geschöpf seinem Schöpfer.

Verhüllt seine irdische Hülle den Schöpfer?

Vorsicht, Vorsehung! Die Ewigkeit entscheidet über
das kurze Leben nicht weniger als dieses über jene.

Die Vorsehung weiß schon,
wann du frei handeln wirst.

Deine Wünsche sind oft Umwege der Vorsehung,
dir zu zeigen, was dir schadet.

Auch Vorsichtigste sehen vor sich
nur nachsichtige Vorsehung.

Astrologische Fragen sollte man eher religiös
offenhalten als nur *astronomisch* beantworten.

Moderne Theologie nahm nun der säkularen
Religionskritik den Wind aus den Segeln,
indem sie selbst Religionskritik ward.

Naturdämonie. Wissenschaft gegen Religionen macht sich selbst zur alleinigen Religion.

Religion heißt weder Glauben noch Wissen statt Hoffen und Bangen.

Religion ist Demokratie : Der König im Bettler besiegt den Bettler im König.

Heidnische Naturreligion : Hirtenreligion –
„Altes Testament" : Bauernreligion –
„Neues Testament" : Stadtreligion?

Die Religion des Ewigen wird zerstört durch ihre lebendige Geschichte.

Luthers „Freiheit eines Christenmenschen", laientheologisch der eigenen Lesart von Jesu Lesart des alttestamentarischen Gottesgesetzes zu folgen?

Nur als Sklave deines Herrgotts würdest du deiner Herren Herr.

Nur der Gottesknecht wird seiner Herren Herr.

Weder Mensch noch Unmensch kann ein Gott sein,
doch ein Gott ein Menschenkind werden.

Als Kostbarstes gilt, was nur ein einziger Mensch
herstellen kann. Als Wertlosestes gilt,
was nur ein einziger Gott erschaffen kann.

Ist die Hoffnung, dass die Welt mal verbessert wird,
begründeter als die Existenz Gottes?

Judas soll *Zelot* gewesen sein, der Jesus
zum Volksaufstand gegen Rom treiben wollte,
doch Christi Gottesreich war nicht von dieser Welt.

Dass menschlicher Wille frei ist, folgt logisch
konsequent und in vollem Determinismus
aus der Würde der gottgeschaffenen Seele.

Ich rufe unseren Gott herbei, ich vergöttere nicht,
was ich herbeirufe.

Die Menschen müssen nicht lebenslänglich Gottes
Schöpfung verbessern, sondern deren versuchte
Überbietung durch eigene Schöpfungen.

Wurde Amor(al) unser Gott,
weil Gott die Liebe ist?

Glaubst du sündigen zu dürfen,
da Gott entweder gnädig oder inexistent ist?

Verbunden sind Menschen durch Glauben
und Hängen an etwas, das nie existiert.

Du glaubst, dass es keinen Gott gibt.
Aber glaubt Er das auch?

Wunder lassen an Gott zuweilen mehr (ver)zweifeln
als Naturgesetze.

Du sollst deinen Vater und deine Mutter ehren,
auf dass es dir wohl ergehe und du lange lebest
auf Erden, *sagte Gottvater*. Du sollst Vater
und Mutter verlassen, um mir zu folgen,
sagte sein einziger Sohn : Erwachsen werden
durch Identifikation mit einem ewigen Sohn?

Man vermisst sich,
Gott wie die Welt zu vermessen.

Alle Dinge der Welt ähneln sich und einander,
sofern sie vom selben Gott sind. Ihre Ähnlichkeiten
zeigt nur der Menschenwitz.

Schuf der Mensch weltschaffende Götter
nach seinem Bilde, ist er Gottes Ebenbild.

Ist der arme Teufel ein ganzer Kerl,
muss der liebe Gott keine gnädige Frau,
Himmelskönigin oder unsterbliche Diva sein.

Kein Mensch denkt, kein Gott lenkt ein.

Gott ist der Kopf überm Dach überm Kopf.

Ganz Gott, ganz Mensch : Er machte sich
aus dem Staub, aus dem Er uns machte?

Hat Gott auch das Weltbild seiner Ebenbilder
und schützt er die Natur vor deren Naturell?

Wo Gott gar keine Rolle mehr spielt,
ist er sicher der Autor der ganzen Geschichte.

Alles Riesige auf Erden muss teuflisch,
alles Geringe kann göttlich sein.

Geschichte : Göttliche Produkte werden unser
und unsere Produkte dann Sein Arbeitsmaterial.

Patriarchat? *Aphrodite,* meergeborene Göttin
fruchtbarer Schönheit, entstammte dem von
der Mutter abgeschnittenen Phallus ihres Vaters.

Menschen wollen Götter werden,
weil nur die hier noch leben können.

Apotheose verherrlicht sich selbst
als Aufstieg von vergötterten Helden
zu angehimmelten Stars.

Esoteriker glauben an Geister,
weil sie nicht an den Teufel glauben wollen.

Beherrscht uns der Ewige durch unseren
Glauben, selber herrschen zu können?

Wer dran glauben muss, wird nie armselig.

Wie viele Gebete, die nie gesprochen wurden,
wohl erhört worden sind!

Die Geistreichsten glauben nur noch
an Materie(llstes).

Goethe glaubte, er dürfe im Jenseits weitermachen,
wenn er über den Tod hinausplane.

Glaube ist ohne Vernunft nur Aberglaube,
als reine Vernunft aber kein Glaube.

Könner glauben an Eingebung,
Dilettanten an ihre Begabung.

Nicht Unglaubwürdiges vertreibt aus Kirchen.

Man glaubt und hofft gemeinsam,
man zweifelt und verzweifelt einsam.

In diesem Punkt ähnelt der Ewige
der Außenwelt : Man denkt, sich nicht nur
etwas ausgedacht und eingebildet zu haben.

Der Einzelne auf Erden ist das einzige Ebenbild
des Einen im Himmel.

Weißt du erst in Himmel oder Hölle,
dass du nur einmal lebst?

Aus dem Paradies wird man nicht gleich in die
Hölle vertrieben, wo die Erde als Himmel winkt.

Der Ewige spielt sein einsames Solo
und lädt uns ein zum konzertanten Mitspielen,
zu himmlischer Sphärenmusik mit Engelschören.
Die „Superstrings" schwingen subatomar mit.
Und jede „Stimme" zählt …

Kindesalter schützt nicht vorm Himmelstor,
das nicht vorm ewigen Alten schützt.

Hat sich die Investition des Himmels
in die Irdischen amor-teasiert?

Das Jenseits ist nicht weit hinter den Wolken,
in Sekundenschnelle ist es da.

Schätzungen weltweit : Mindestens 50 Mio. Aborte
pro Jahr. BRD : etwa 100.000 pro Jahr. Abtreibung
ist für den Himmel Massenmord, dem die Mittelstandsgesellschaft ein feministisches Alibi
als Emanzipation verschafft.

Eine Ewigkeit lang gab es gar nichts,
und mit einem Mal war das All da. Und umgekehrt.

Gehört der Kultur mein Leib, der Natur mein Geist
und dem Ewigen leibhaftig meine Seele?

Muss ein Christ, der ewig leben will,
sich nur bekreuzigen oder kreuzigen lassen?

Ewiges gibt es, weil die Weltgeschichte
nur von außen zu bewegen ist.

Vor der Geschichte rettet nicht, Zukunft gegen die
Vergangenheit zu verteidigen, doch die vorver-
gangene Ewigkeit im ewigen Vergehen zu sehen.

Vom Ewigen hat man nicht mehr gelernt
als aus der Geschichte.

Moral gilt ewig wie Logik,
Amoral gibt's ewig wie Theologie.

Du träumst von ewiger Liebe,
die etwas Ewiges in dir (an)erkennt.

Wer gern ins ewige All aufgeht oder in allem
Ewigen, ist schon vor Todesangst gestorben.

Der letzte Schrei war schon am vorletzten Sonntag
veraltet, doch Uraltes bleibt ewig jung und neu.

Apokatastasis. − Ändere deine transzendental
erschaffene Welt, nie die transzendent gegebene.

Weltpolitik : Theologen verlassen das sinkende
Kirchenschiff und entern wieder Staatsschiffe
in „politischem Engagement".

Aufrechter Kirchgang aus dem Paradies
war aller Fernlaster Anfang.

Wahrer Christ gewinnt das Verlieren lieb!

Die Jahrtausendgebilde der Weltgeschichte,
Pharaonenreich und Kirche, haben eins gemein:
sie lebten von Unsterblichkeit und starben daran.

Dialektik oder Dilemma : Wäre Christus
aber nicht längst vergessen, wenn die Kirche
den hebräischen Wanderlehrer nicht
zwei Jahrtausende lang missdeutet hätte?

Lustige Lust auf lästigen Verlust ist christlich
oder masochistisch.

Der Prophet weiß, es endet schlimm. Der Christ
weiß, es könnte böse enden, da es gut werden kann.

Alles ist Christen verboten, nur nicht Freiheit,
Gleichheit, Brüderlichkeit, Gerechtigkeit,
Vernunft und Lebensfreude.

Christentum ist keine Autoimmunkrankheit:
Christen können mein und dein gut unterscheiden.

Wann entartete christlicher Sklavenaufstand
zu Herrenmoral und Herrenmode zu Jeanskluft?

O Stern im Du-Stern : Leichenauferstehung
zum aufrechten Gang des Sklavenaufstands?
Christentum entwickelte sich von Totenbelebung
zu Ostereiersuche von Osterhasen.

Sein Kreuz auf sich nehmen: Aus der Not
seine Tugend und ewige Jugend machen?

Im Ahnenkult von *Göbekli Tepe* verehrten
Ackerbauern ihre nomadischen Vorfahren,
da der Rückweg ins Paradies verbaut war.

Die Schlange im Paradies vertrieb uns
lange die Langeweile.

Wo was los ist, bin ich erlöst und mich los.

Freiheit erfährt nichts, Bindung erlöst nicht.

Welche Gnade, sich auch nur siebzig Jahre
langweilen zu dürfen, und welche Strafe,
sich auch sieben Jahre lang amüsieren zu müssen!

Ist ein armer Teufel, wer Bösen böse ist?

Der Teufel betet am lautesten und ist dir nie böse

Man will oft lieber der Teufel als der Dumme sein.

Weil die Hölle nicht auf einmal zu verarbeiten ist,
gibt es Geschichte : den Teufel auf Raten.

Oben bin ich ein Teufel, unten sein Opfer.

Geist oder Sinn ist nicht teuflisch, doch Satan
ein Intellektueller, der Sinnlichkeit preist.

Rechtfertigen arme Teufel des Volkes schon
Schutzengel der Eliten?

Kafka sah in jeder schlichten Geradlinigkeit
den unentrinnbaren Teufelskreis.

Du klaust nichts Gutes, sondern schenkst Böses.

Jede *Theodizee* und jeder Gottesbeweis scheiterten
wie jeder Atheismus und Agnostizismus.

Empörung gegen sie schmückt die böse Welt.

Liebe ist die Einheitssoße, die über jeden
Teufelsbraten gegossen wird, um ihn unsichtbar
und schmackhaft zu machen.

Ich liebe in mir das Böse, das ich dir zu tun hasse,
und liebe in dir das Gute, das ich dir zu tun liebte.

Hat es böse Folgen, wird Gutes nicht schlecht:
kann es Gutes bewirken, wird Böses nicht gut.

Couch kuriert Kranke, Beichte behandelt Böse.

Himmel heißt, mehr vor sich und über sich
zu haben als die Tiefen des Weltraums.

Religion ist Unterschied, ob einer unschuldig oder
entschuldigt ist. Gehört dazu, wer auf Gottes Hel-
dentaten so stolz ist wie durch eigene gedemütigt?

Die Zehn Gebote kann jeder leichter erfüllen
als sich die Wünsche nach tausend Angeboten.

Eher sind Staaten säkularisiert als Kirchen enteignet.

Demut ist, wenn der heilige Berg zum Jammertal
aufblickt, und Bescheidenheit ist Demut light.

Sein Ebenbild hält sich für den Schöpfer:
Das sieht ihm ähnlich.

Auch Jesus macht nicht den Wirt ohne Abrechnung.

„Alles hat seine Zeit", auch die Ewigkeit.

Du bleibst im Schatten dessen,
der und was dich erleuchtet.

Liebe deinen Nächsten – um Gotteswillen!?

Höllisch ist die Verlustangst im Himmel auf Erden.
Ist der Himmel nur Befristung der Hölle auf Erden?

Es gibt ungläubige Kirchenleute, steht zu glauben.
Sie würden sonst Seine Rache fürchten.

Viele Herren im Hause des HErrn leben in Freuden
und Freudenhäusern.

Atheisten glauben, Böse kommen in keine Hölle
und Gute seien ja schon dort.

Die Abstammung von Adam und Eva
schützt vor keiner Affinität zu den Affen.

Je schlechter ihre Ehen sind, desto schlechter
sprechen Laien von ehelosen Priestern, und Mönche
werden gut verstanden von glücklich Verheirateten.

Wer einer Versuchung widersteht, sollte
die Schwäche seiner Leidenschaften beklagen,
bevor er die Stärke seiner Tugend bewundern lässt.

Wunder sind jene Selbstverständlichkeiten,
welche die Wunder der Natur aufheben.

Adam und Eva bedauerten niemals Denkfehler.

Aufstand durch Auferstehung:
Mehr leben durch mehr als leben.

Asketische Heilige werden heute mehr verachtet
und weniger verstanden als pädophile Priester.

Mönche sehen uns in Gefängnissen.

Luther schickte die Unterschicht
vom Kloster in die Fabrik.

Philosophie, der nichts mehr heilig,
ist nichts als Technik und Industrie.

Heute (aner)kennt man nur noch komische
Heilige, seit nur noch Komiker uns heilig sind.

Die Helden der Weltgeschichte
sind vielleicht die Heiligen der Hölle.

Eher gibt es ein katholisches Südamerika und
russisch-orthodoxes Eurasien als noch einmal
ein Heiliges Römisches Reich Europa.

Das größte Wunder liegt darin, dass es keine geben
muss. Kein Wunder, dass sie dauernd passieren!

Bewundere das Geschenk, das Wunder
der Schöpfung lebenslang bewundern zu dürfen,
statt alles ändern und selber schaffen zu müssen.

Vereint Logik, Lyrik oder Musik, was in Mystik
eins und in Physik entzweit ist?

Adam kam, als sein Schöpfer allein war,
und Eva kam, da Adam so allein war.
Abel kam, da Adam und Eva so allein waren.
Kain kam, um mit dem HErrn allein zu sein.

Askese ist der Irrtum, dass der Tod die Strafe ist
für ein Leben in Saus und Braus.

Wer Askese verfolgt, hasst die Wollust.

Ist Askese nur Versuch zur Anstachelung
von Begierden durch ihre Frustrierung,
und Wollust der Versuch zur Abtötung
von Begierden durch ihre Stillung?

Ist es vom Todestag zum Jüngsten Gerichtstag
länger als von Karfreitag bis Ostern?

Senke demütig den Blick –
auf deinen Nabel der Welt?

Heute folgt man erfolglos allen Mächtigen,
die dem Allmächtigen nicht folgen.

Wahr und Falsch, Gut und Böse
sind keine Ideologien des Allmächtigen.

Platon lehrte, dass ideale Ziele auf realen Wegen
nicht erreichbar sind, doch der himmlische Zweck
die irdischen Mittel heiligt.

Geist gilt inzwischen als Todsünde
wider die geheiligte Schweinefleischeslust.

Gegen Überdruss hilft noch am besten das Gute,
Wahre, Schöne und Heilige.

Das Verwunderlichste und Verwundende ist,
dass man sich über so viele Wunder so wenig
wundert und sie bewundert.

Sind viele Wunder durch Kausalgesetze verknüpft?

Mystischer Größenwahn sagt : Ist alles eins,
genügt es, eines zu berühren, um alles zu bewegen.

Einmütig wird Kleinmut Klugheit genannt und vom
Himmel fallende Demut wie Schwermut Feigheit.

Wieviel Hochmut will nur nicht
mit Demut angeben?

Du sollst Christen nicht töten.
Sie sind ja gleich wieder auferstanden.

Die Zukunft der Liebe liegt eher bei jungen
Klosterbrüdern und alten Betschwestern.

Man kann Lebensmittel heiligen, Gebete verplap-
pern, Gottesgaben asketisch veredeln und verachten.

Gebet : Gib mir nicht alles, was ich will,
doch nimm mir, dass ich es will!

Das Älteste Gericht verurteilt uns zum Ackern,
das Jüngste zur Freiheit davon.

Am Jüngsten Tag werden unsere Waagen gewogen.

Demut ist zu stolz, um stolz zu sein.

Wahre Revolutionäre würden den Jüngsten
Gerichtshof restaurieren.

Letzte Worte vor dem Tod sind schon erste Worte
vor dem Jüngsten Gericht.

Tu Gutes, als hinge alles von dir ab,
und bete, als hinge von dir gar nichts ab.

Antisemitismus : gelber Neid und tödliche Eifersucht
von Bauer Kain auf Gottesgünstling Abel (*Hauch*)?

Religionen : Verschiedene Inspirationen durch
verschiedene Aspekte ein und desselben „Heiligen"?

„Fromm" heißt spirituell, aber die „Spiritualisten"
heute sind nur geistlose Spiritisten mit zeitgeist-
lichem Spirituosenhandel.

Theologen nehmen die Wissenschaften heute ernster
als diese die Religionen.

Auch Christen, nicht nur vornehme Atheisten,
waren stets *Agnostiker* weil Anti-Gnostiker.

Frisch, fromm, fröhlich frei? Lieber lahm-
oder lammfrömmelnd als metzgerfrech.

Frömmigkeit „frommt" (nützt) dir mehr
als die Sch(w)einheiligkeit ihrer Verächter.

**Sind aufgeklärte A(nti)theisten („Freigeister")
von heute oft nur Satans sonnenklare Frömmler?**

**Komm, *homme*, sei fromm : Die Orthodoxen
sind die wahren Zeitgeistketzer.**

Nietzsche wollte unter Menschen Wolf im Schafs-
pelz sein und war doch oft Schafskopf im Wolfsfell
der alten ungetauften Sachsenheiden.

Nur ein frommes Dogma bewahrt mich vor tausend
dogmatischen Doktrinen meiner Zeit.

Der Demokrat wählt sich einen Herrn auf Zeit,
der Christ einen HErrn über alle Herren auf ewig.

Wie viele Stoßgebete werden wohl
unerhört zurückgestoßen?

Ein Kirchturm ist eher ein Elfenbeinturm der Bibel
als ein abrissreif himmelhoher Turm zu Babel.

Jedes Kind unserer Zeit betet gutgläubig die Phrasen
wider die Heiligen und frommen Asketen nach.

Christen sind Verrückte, schrieb *Nietzsche*.
Da schlug Christus ihn mit Wahnsinn.

Gegenüber. Man kann Ihm entgegnen
und als Gegner begegnen, doch Ihn nicht
als Gegenstand (be)greifen.

Wird der Ewige praktisch im sterblichen Handeln?

Christ, ja, aber *Nachfolge Christi* bis ans Kreuz?
Man will es ja noch tragen, als Krone,
aber daran hängen?

AT : Wer Gott erkennt, muss sofort sterben.
NT : Wer Gott bekennt, darf ewig leben.

Mittelalter : Heidnische Pracht in skeptischer Logik.

Klosterbrüder sahen uns stets in Kerkern schmoren.

Wahre Religion ist nichts Überirdisches, sondern
Sinn für richtige Proportionen aller Teilwahrheiten.

Die wirkliche Mutter Natur ist natürlich noch nicht
die wahre Natur Gottvaters.

**Wird im Christentum das philosophische Welt-
bild zum künstlerischen Personenporträt?**

Mystik muss aus Paradoxen bestehen, wenn sie
nicht mystifizieren soll, und Paradoxe müssen wie
selbstverständlich wirken, wenn sie nicht platt sind.

Lehrer belehren, Pfarrer bilden, Gesellschaft dis-
zipliniert, Religion ist interdisziplinär, Medien
schlagen uns den Kopf voll und ein und die Zeit tot.

**War das Kirchenschiff ein Seenotkreuzer
nach jeder menschlichen Sintflut?**

Wann schickt der Himmel wieder erbauliche Hun-
nen über die destruktiven Konstrukte der Moderne?

Das *Zeitalter der Aufklärung* war finsterer Götzen-
dienst an der universalen Weltrationalisierung.

Religion als Revolution : Aus der Hölle
der Sklaverei befreit(e) nur die himmlische
Höllenangst der Sklavenhalter.

Jedermann ist Mystiker, bevor er die ganze Welt in
tausend Stücke schlägt oder seine Entwicklung sich
in hundert Widersprüche verwickelt, und wird wieder Mystiker, dem am Ende alles gleich und eins ist.

In der Bibel reden Bet(tl)er wie Könige,
im Roman Genies und Monster wie Spießer.

Christentum : *Glaube* **an Unglaubliches,**
Liebe **zu lieblos Selbstverliebten und**
verzweifelte *Hoffnung* **in hoffnungsloser Lage.**

Der Himmel lässt sich wohl in Atome zerlegen,
doch nur zu einer Hölle wieder zusammenfügen.

Christus am Kreuz soll Gott im Himmel selbst
gewesen sein, und hat Nietzsches *Übermensch*
oder *Superman* nicht nur schwache Nerven?

Einst wurde man mit falscher Philosophie
oder Religion getötet durch Verbrennen,
heute nicht mal mehr durch Lächerlichkeit.

Christentum ist wie ein Krimi : Was gerecht wirkt,
ist meist böse, und was schlecht scheint, das Beste.

Wenn ich nur halb so oft die himmlische *Paterie*
anriefe, wie heute die irdische Materie beschworen
wird, wo Materielles spirituellste Sache der Welt ist!

Die Jugend der Aufklärung war in der Not,
aus Brot und Kot eine Tugend zu machen.

Der Christ hat sich so wenig natürlich aus dem Heiden entwickelt wie der Mensch aus Affen.

Können Lehren, die aufs Ganze gehen
wie Religion oder Philosophie, nur Nebenfächer
in *ganzheitlichem* Schulunterricht sein?

Es kommt stets auf den konkreten Einzelfall an,
sagt die Theologie der Jesuiten nicht anders
als z. B. die modernere Philosophie *Adornos*.

Katholische Klöster waren manchmal Kerker mit
Toren zum Himmel, protestantische Fabriken aber
immer Zuchthäuser mit Fluchtwegen zur Hölle.

Religion ist ein Mädchen für alles und jeden, Wissenschaften sind nur viele Mägde der Herrschaften.

Transzendentale Bedingungen der Möglichkeit von
Erkenntnis(objekten) hat *transzendente* Bedingungen der Möglichkeit von Subjektivität überhaupt.

Moderne Anthropologisierung der Metaphysik ist
nur Metaphysik der Anthropologisierung von allem.

Ohne objektiv Metaphysiker zu werden, ist niemand auch nur ein zweifelhaftes physisches Subjekt.

Denken *now* : Metaphysik ihrer Selbstüberwindung.

Darf man vom *Baum der Selbsterkenntnis* essen?

Er hängt voller Menschen. Deutsche halten den Stammbaum der Erkenntnis für eine Eiche.

Adam erkannte Eva, die er zum Fressen gernhatte. Nach *Kant* ist das junge Ding an sich unerkennbar.

„Erkenne dich selbst!", sagt Eva zu Adam und haut ab. Selbsterkenntnis beißt sich in eigenen Schwanz.

Iss vom *Baum der Erkenntnis*, wie man aus dem Paradies der Werktätigen vertrieben wird, um sich das Paradies der Kunstwerktätigen zu erschaffen.

Von Voltaire zu Foucault : Erst wurde der Ewige, dann der gewöhnliche Sterbliche zu einem bloßen Mythos wegerklärt, um „strukturelle Gewalt" übrig zu behalten.

Es gibt die Welt.
„Es", das Heilige, gibt uns die Welt.

Dass Gottvater so übernatürliche Wesen wie uns
Menschenkinder erschaffen hat, wäre natürlicher,
als dass Mutter Natur es allein geschafft hätte.

Religiöses Bedürfnis mag nur Wunschdenken sein,
das den Himmel weder beweist noch widerlegt,
doch wird es nicht friedlich vom Himmel befriedigt,
dann sicher von der Höllenschlacht darunter.

Man erkennt die Wahrheit nicht, wenn und weil
man nicht weiß, was der Schöpfer weiß.

Schuster, bleib bei deinem Leisten,
der dich mehr versklavt
als die Kirche das arme alte Mütterchen.

**Bleibt der Schöpfer persönlicher als ein Geist
und unsichtbarer als ein Mensch?**

Selbstlose Nächstenliebe oder christliche Feindesliebe ist zu oft Verliebtheit in Tyrannen.

Unglaubliches Donnerwort Gottes wirkt wie
ein Geistesblitz, der ewig währt und doch wärmt.

Wer mit dem Kopf durch die Wand ins Paradies
will, sucht es besser nicht in seinem Kopf.

Mutter Natur und Großmutter Kirche werden
stets Witwen, um Mädchen für alles zu werden.

Wann schickt der Himmel wieder erbauliche Hun-
nen über die destruktiven Konstrukte der Moderne?

Glaub dem Christus in Jesus, den es mal gab, doch
an den Vater, den es ewig gibt! Sein Kind ist jeder.

Christus war den Gläubigen so unglaubwürdig
wie der Ewige den Heiden heute.

Nichts ist moderner als das *Ganzheitliche* ohne To-
talitäres, und was ist ganzheitlicher als die Universalität der Kirche – Absolutes ohne Verabsolutiertes.

Religion heißt, dass der Geist jünger wird,
je älter der Leib wird.

Sünden werden nicht mehr begangen, gebeichtet,
bereut, bestraft oder vergeben, sondern in Register
eingetragen als verdammte Schuld(igkeit)en.

Alle Segnungen der Neuzeit waren zu unabwendbar
unterm christlichen Abendland, um dort aufzutreten.

Monotheismus hat nichts gegen Mythenaufklärung
und Vernunft, doch viel gegen Aufklärungsmythen
und gegen das Dunkel globaler Rationalisierungen.

Christentum ist auf die Kirchturmspitze getriebener
Rationalismus ohne Rationalisierung – ein springen-
der Schlusspunkt, der ein Doppelpunkt ist.

Bring deinen Fall vor den HErrn
und damit deine Herren zu Fall!

Nietzsche : Schaf im neuheidnischen Wolfspelz,
vorzüglicher Rückzug hinter die Taufe zurück
in seine alten sächsischen Wälder.

Zwei-fel. Ist Unglaube an den Unglauben
schon Glaube an den Glauben?

Wissenschaften : ganze Vollbilder von Bruchteilen.
Religionen : Teilbilder vom großen Ganzen.

Auch Christen, nicht nur vornehme Atheisten,
waren stets *Agnostiker* weil Anti-Gnostiker.

Religion ist auch nicht mehr das Urälteste
oder Allerjüngste Nachweltgerücht.

Heiden waren stets humaner
vor als *nach* den Monotheisten.

Das *Heilige* ist eher ein Erdbeben
als der umfassende „Sinn des Sinns".

Der unsichtbare Vater im sichtbaren Himmel
verschwand metaphysisch hinter universal tolerantem
Polytheismus aller Monotheismen der Völker.

Himmlische Kunst glaubt und zweifelt zugleich,
ob der Himmel in ihren Bildern abgebildet ist.

Der Ewige schenkte dir kein Weltall,
aber Wohnort und Lebenszeit darin.

Leere Hände beten zum Himmel, volle um mehr.

Proteus war der Gott der Polytheisten und Künstler,
doch Prometheus keiner der kreativen Freigeister.

Niederknien vor Größerem macht
Niederlagen zu Auferstehungen.

Philosophische Liebe zur Wahrheit ist Neugier
auf Uraltes oder ein Heidenspaß an der heiligen Ur-
Sache, aber ein Mordsspaß am Urheber des Bösen?

In nächsten Dingen wendet man sich an den fernsten
Himmel, in zu hohen Dingen an zu nahe Hexen.

Nachmetaphysisches Denken ist wieder nur prä-
theistisches Lenken, der A(nti)theist ein Antetheist.

Sind Gott und Mensch vereint im Christus, Halbgott,
Heiligen Geist oder Kategorischen Imperativ Kants?

Der Schein, den Philosophie scheinbar besiegt, ist nur
der augenscheinliche Heiligenschein aller Dinge.

Das Eine der Metaphysiker ersetzt nicht den Einen
im Himmel, philosophischer Dualismus von Sein
und Schein nicht die Kluft zwischen Himmel und
Erde, aber christliche Trinität die idealistische
Dialektik von Gott und der Welt und der Seele?

Alles ist auf Wüstensand gebaut. Auch Petri Felsen.
Feste Philosophie ist erbaulich erbaut wie auf Felsen,
der durch ein Wort seines Schöpfers gesprengt wird.
(Jeremia 23, 29)

Die Gravitationskraft der Mater-ie ersetzt nicht
die gravitätische Schöpfung ihres hohen Zwecks.

Satan wird stets nur von Besiegten besiegt.

Ohne das viele Leid in der Welt hätte die Tugend
es nicht schwer genug, um verdienstvoll zu sein,
sagt die *Theodizee* in einer schlechten Welt.

Das *Imperium Romanum* war schon universell wie
die Philosophie, bevor es katholisch getauft wurde.

Der Eine ist weder das Eine noch eins unter anderem.

Roms Jupiter trieb es so bunt, dass er Christ werden
musste, doch Karthagos Moloch war so antichristlich,
dass er erst Römer werden musste : Christus wurde
mit Zeus fertig, seit Jupiter mit Baal fertig wurde.

Das Kreuz war nicht gekommen, um Arbeitsfrieden
zu bringen, sondern fern von Pflugscharen
das Schwert von Kreuzzügen. *(Matth. 10, 34-39)*

Fast wäre Er untergegangen in der kosmopolitischen
Toleranz des imperialistischen Pantheons von Rom.

Am Anfang ist der Schöpfer der Hirte aller Hirten,
dann der Grundherr aller Ackerbauern und nun
der müßige Konzernchef aller Industriellen?

Ist der gottverlassene Gott
der menschverlassenste Mensch?

Machte *Buddha,* der den Tod lebte,
aus dem Nichts ein Drama,
als er nichts auf der Welt dramatisierte?

**Ist die gute Welt aus nichts erschaffen – als dem
Bösen? Satan hat kein Recht, (Satan) zu sein.**

War *Jesus*, zu jung für einst und zu alt für heute,
nur ein Kind seiner Zeit, wird unverständlich,
warum er schon einst so weltfremd wirkte wie heute.

Die Kirche hat ihn wild entstellt?
Er ist weniger mild als sie jetzt.

Christi Sanftmut ist pazifistischer
als der Pazifische Ozean voll Piraten
und bekriegt jeden Arbeitsfrieden.

**Religion : klassische Geistesgeschichte roman-
tischer Helden- und Abenteuergeschichten.**

**„Freigeister" glauben an Weltdeterminismus,
Kirchendogmen (an)erkennen Willensfreiheit.**

**Die Religion droht ständig, von mythologischen
Ideologien verschlungen zu werden wie Europa,
Westzipfel Asiens, von „Eurasien" und Fernost.**

**Stirbt der Ewige christlich, endet kein Tod-
sünder. Ist *ewiges Leben* zu schlimm oder
zu schön, um wahr zu sein?**

Sind Kirchendogmen eher verpönt
als Wunschdenken oder als Schreckbilder?

Wer betet, wirft im Himmelsparlament
seine Stimme in seine Grab- und Wahlurne.

Der Allmächtige hat auch die Allmacht,
sie gütigst selbst zu begrenzen für uns.

Jedes Geschöpf ist vollkommener als sein Material und unvollkommener als seine ideelle Form.

Der eingeborene Sohn ist ideales Ebenbild des
Ewigen, Erzeuger bis Vater der Menschenkinder.

Gottvater und Mutter Kirche überleben seit 2000
Jahren ihre Mörder, altersschwach und blut-
jung: Nominalismus, Albigenser, Konstantin,
Renaissance, Reformation, Humanismus, 1789,
Aufklärung, Evolution, Nietzsches *Übermensch*...

Dogmen des *finstersten Mittelalters* waren
liberaler als die Vernunft der *freigeistigsten*
Rationalisierungen und vernünftiger
als die aufgeklärteste Libertinage.

Die Olymp und Taoismus Religionen nennen,
heißen Christentum einen bloßen Sonnenmythos.

Wurde Christus gezeugt aus dem eigenen Willen
(Arius) oder Wesen *(Athanasius)* des Vaters?

Brot und Wein zu Christi *Leib und Blut* wie
arianisch. Monotheismus zu *athanas.* Trinität?

Staatskirchliche *Agnostiker* glauben mehr, als sie
glauben, denken weniger, als sie denken und wissen nicht einmal, was sie eigentlich wissen wollen.

Religion ist Irrsinn, der Weltrationalisierungen
ver-rückt : Ungewöhnlichstes als gewohnter
Wohnort, wo gewöhnliche Sterbliche beiwohnen.

Die Geister der Naturvölker stehen über allem
Materiellen der entgeisterten Naturalisten,
doch unter der Natur des Heiligen Geistes.

Ist der Ewige mehr als Eigenliebe,
schuf er anderes Geliebtes als sich selbst,
aber ewigkeitsfähiges.

Die meisten Christen beten, ohne zu beichten,
oder hoffen, ohne zu glauben.

Christus war den Gläubigen so unglaubwürdig
wie der Ewige den Heiden heute.

Wirkt das unglaubliches Wort Gottes wie ein
Geistesblitz, der ewig währt und doch wärmt?

Bleibt der Schöpfer persönlicher als ein Geist
und unsichtbarer als ein Mensch?

War das Kirchenschiff seither ein Seenotkreuzer
nach jeder menschlichen Sintflut?

Mutter Natur und Großmutter Kirche werden
stets Witwen, um Mädchen für alles zu werden.

Agnostiker wissen wissenschaftlich viel zu viel
von Göttern, um auch nur an *einen* zu glauben.

Der Heide beurteilt den Gläubigen
voreingenommener als dieser den Ewigen.

Am Schöpfer rügt man, was man kennt,
und rühmt man, was man nicht kennt.

Dass es liebenswert Gutes wie hassenswert Böses
gibt, ist das gleiche unbegreifliche Weltwunder.

Essen vom *Baum der Erkenntnis* gibt Welträtsel.

Wer vom *Baum der Erkenntnis* aß, wusste nun,
was gut und böse ist. Die Erkenntnis des Baumes
weiß nur noch, was schlecht ist.

Gebildete Realisten halten die niederste Realität
für das höchste Ideal, ungebildete Christen sind
so realistisch, nur sentimentale Idealisten zu sein.

Wissenschaft will feste Wahrheit und schwankt
wie ein Verwandlungskünstler, Religion will
Veränderung und steht wie ein Fels.

Die Kunst und Kultur ihres Schöpfers ist früher und
natürlicher als die ganze Natur.

Es schockiert, wie wenig Religion noch schockiert.

Das *einfache Leben* gehört in Religion
und Philosophie, nicht in Kunst und Alltag.

Revolten gegen die Religion dienen nur dazu,
sie in neuer Freiheit erneu(er)t zu restaurieren.

Dass frohe Religion roh sein muss, vulgär, primitiv,
unanständig und grob, ist das Allersublimste an ihr.

Christliches *Osterlachen* ist etwas heiterer
als hedonistischer Mordsspaß.

Das Volk versteht von jeder Religion nur
ihre tolle Mystik und esoterische Romantik.

Das Höchste im Kuhdorf ist der Kirchturm,
in der Großstadt der Bankenturm zu Babel.

Gottvater machte den Menschen übernatürlich,
damit er Mutter Natur menschlich mache.

Diderot, der größte Freigeist der Aufklärung, war
von Natur so frei, auf Willenssklaverei zu erkennen,
oder vom Schöpfer gezwungen, frei zu sein.

Freigeist *Diderot* leugnete wie Platoniker *Augustin*
den freien Willen, den der aristotelische Dogmatiker
Thomas von Aquin bewies.

Alles kommt weniger aus der Erde, die weniger ist,
als zum Himmel, der mehr ist. Unter den Dingen ist
anscheinend nicht nur Schein, sondern über ihnen
auch Sein. Jedes Geschöpf, nicht heil aber heilig, ist
nicht nur weniger, nämlich stofflich und sinnlich,
sondern auch mehr, nämlich hoch und himmlisch.

Was man steuern kann, ist todtraurig. Was niemand
im Griff hat, ist himmlisch l(i)ebenswert.

Mit übersinnlicher Religion verschwand auch
irdischer Frohsinn und diesseitige Sinnlichkeit.

Der große Schöpfer schätzt sein Geschöpf nicht
gering, und wenn es herrlich dient, verherrlicht
es großartig die Schöpfung.

Stolz bin ich nur, das Weltall erleben zu dürfen
und die himmlische Gnade, darin zu atmen.

Jede Frau sieht der Christ wie die erste Jungfrau und
einen einmaligen Geistesblitz, der „Freigeist" wie
die letzte Haremshure und einen faden Gemeinplatz.

Atheisten genießen alles Genießbare und sich selbst,
Monotheisten nur Ungenießbares außer sich selbst.

Etikette. Gotteshäuser haben nur *eine* bedeutsame
Zeremonie, um aus den Zwangs(eti)ketten aller be-
deutungslosen Zeremonien heute zu erlösen. Kulte
um Diners und Sekt sind verkünstelt und leer, nicht
Brot und Wein jenseits von Fraß und Suff.

Kruzifix des Pontifex. Gläubige können Fanatiker,
Gottlose müssen Fanatiker werden.

Adam und Eva erkannten einander. Liebe der Seele
zu Gott ist philosophische Liebe zur Weisheit, und
wahre Liebeserfüllung ist erfüllte Wahrheitsliebe:
Herz und Hirn Hand in Hand!

Eurowissenschaft : Von neuplatonischen Kirchen-
vätern über aristotelische Bettelmönchsscholastik
zur platonischen Renaissance und Reformation bis
zum neuheidnischen 1789 …

Was im *Buch der Bücher* geschrieben steht, ist
im *Buch der Natur* nachzulesen, bis es wahr wird.

Glauben und Wissen : Zwei Wege zur selben Wahrheit sind nie ein weiserer Weg zu zwei diversen Wahrheiten.

Euro : Vom alttestamentarischen Rationalismus und Realismus über neutestamentarischen Empirismus zum qoranischen Bilderstürmer (oder „aufgeklärten" Rationalisierer einer durchdigitalisierten Natur).

Der Himmel offenbart sich in einem weisen Buch, die Erde in wissenschaftlichen Büchern. Die Auslegung ist hypothetisch, theoretisch wie theologisch.

Scholastik : Platonische Furcht vor dem Schöpfer wird aristotelische Ehrfurcht vor seiner Schöpfung zwischen Heiligem und wissenschaftlichem Geist.

Vom verpartnerten WG-Mathematiker Pythagoras über einen verheirateten Realisten zur zölibatären *philosophia perennis* der Metaphysiker : Von der Eliteuniversität über universelle Volksreligion zum raumzeitlichen Universum menschlicher Unikate, von *Moses graecus* zum christlatinisierten Stagiriten

Vollendung einer Sache ist ihr übernatürliches Ende in Verewigung, und Zeit ist der Anfang ihres Verendens als Ende der Vollendung.

Die Religion wäre tot, würde sie wissenschaftlich widerlegt, aber nicht erst allgemeingültig, wenn sie wissenschaftlich verifiziert würde – also niemals.

Reales bestimmt Erkenntnis sinnlich und wird vom Erkennenden rational bestimmt : erkannt, aber beides erschaffen vom Ewigen. Die Sinnesdaten sind schon vom nichtmenschlichen Schöpfer verbunden, nicht erst vom *intellectus agens* : Kein Geist ohne Sein, kein Sein ohne Geist.

Die Natur ist kein Kunstwerk menschlichen Naturells, sondern beides ist Artefakt ihres Schöpfers.

Hegel : *Thomas von Aquin* der modernen Willkür?

Die Welt ist schlecht, aber noch schlechter außerhalb der Gotteshäuser.

Religion ist hedonistischer als Genusssucht, dazu lustiger und optimistischer als moderne Lebenslust.

Niemand bejaht das Leben mehr als der Monotheist.

Der Schöpfer schaffte kein Teufelswerk, und die Schöpfung hatte keinen satanischen Schöpfer.

Ist ein Kreuz der *Baum der Erkenntnis*?

Heiden waren stets humaner *vor* als *nach* den Monotheisten.

Buddha fällt stets zu tief vom Himmel, Jesus steigt uns zu hoch vom Kreuz, und der A(nti)theist geht zu platt in die Breite.

Die Natur ist auch für Gotteshäuser nicht des
Teufels, denn die Hölle ist ein Werk der Kultur.

Das Mittelalter hinderte uns daran, an Lebenslust zu
sterben; heut muss man uns hindern am Selbstmord.

War Gottes Offenbarung notwendig, weil er seinen
Ebenbildern nicht genug Lebenszeit gab, alles durch
lange Erfahrung und Dispute selbst zu ermitteln?

Warum sollen seine Geschöpfe an seiner Schöpfung
weniger Freude haben als ihr Schöpfer selbst?

Der Unendliche ist nicht *das* Unendliche
im endlosen Regress ad infinitum.

Metaphysik war Onto-theologie der Offenbarung,
nachmetaphysisches Denken ist Theorie sinnlicher
in syllogistischer Offenkundigkeit.

Der hylomorphe Mensch als Teleologe des Seienden
hat je teil am Sein wie am Wesen seines Schöpfers,
ohne damit alles mathematisch zu quantifizieren.

Nichts, was Religionen je sagten, konnten sie bis
jetzt beweisen. Alles, was Wissenschaften je sagten,
konnten sie bis jetzt widerlegen.

Religion : Der Ewige und Sein Urprojekt

Die biblische Theorie nennt die für uns wichtigen
Naturgesetze und ihre praktischen Konsequenzen:
die Sittengesetze der Moral, um uns einen vernünf-
tigen und realistischen Umgang mit der Welt zu
verschaffen. Die "heiligen" (nicht eigenmächtig zu
verändernden) Schriften geben eine Art von Ge-
brauchsanweisung für Sein universales Produkt, so
etwas wie eine praktische Bedienungsanleitung Seiner Schöpfung für uns. Es sind Seine "guten Tipps"
an uns zum sachgerechten Umgang mit dem ge-
schenkten Leben : Kompetente Empfehlungen direkt
vom Hersteller, der es ja schließlich wissen muss.
(Siehe etwa Seine fundierten Ernährungstipps.)
Und man tut gut daran, das Kleingedruckte rechtzeitig zu beherzigen, wenn man Freude am erworbenen
Erzeugnis haben will, das einem ja nicht um die
Ohren fliegen soll. Entweder lässt man es sich also
vom Sachverständigen gesagt sein, der alle Fabrik-
geheimnissse kennt, oder muss sich selbst durch
langes *trial and error* erst beliebig viele Beulen
holen und durch mühsamen Schaden klug werden.
Man hat die freie Wahl. Und der Ewige ist ein
strenger Wanderlehrer : Menschliche Verletzungen
Seiner objektiven Naturgesetze strafen und rächen
sich selbst. Dazu braucht es keine Hiebe von oben,
nur fürsorgliche Warnungen eines wirklich Erwach-
senen an seine unwissenden Menschenkinder vor
den Folgen von „freien" Naturgesetzverstößen.

"Der olle Jott" ist nur ein menschlicher Begriff, das stimmt, aber der menschliche Begriff gerade von etwas, das alle menschlichen Begriffe "transzendiert", unsere subjektive Idee gerade von etwas, das ganz außerhalb all unserer subjektiven Ideen liegt, also des **Objektiven schlechthin.**

Die biblische Urhypothese will experimentell getestet sein wie jede wissenschaftliche Theorie. Die empirischen Testreihen laufen seit Jahrhunderten oder Jahrtausenden, open end. Verifizieren lässt sich keine Theorie, schreibt Karl Popper, aber vielleicht falsifizieren? "Das säkulare Zeitalter" (Charles Taylor) moderner A(nti)theisten *glaubte*, schon akademisch gesiegt zu haben, doch Er scheint sich *offenbar* zurückgemeldet zu haben – weltweit.

Das "Buch der Bücher" ist eben keine Mystik, Magie oder Lyrik, sondern eine sehr rationale, inspirierte und pragmatische Lehr- und Kampfschrift – über historische Erfahrungen eines ganzen Volkes mit einer ebenso folgerichtigen wie unglaublichen Theorie der Sklavenselbstbefreiung.

Die drei auf Abraham fußenden Monotheismen sind im historischen Zusammenhang zu sehen. Als die Hebräer einen nationalen „Zaun" um ihre Thora errichteten, um sie eifersüchtig für sich zu reservieren, entstand *korrigierend* das Christentum mit der paulinischen Heidenmissionierung global. – Aber christliche Kontaminierung mit Gesetzesrelativierung, griechischer Philosophie, konstantinischer Verstaatlichung, Vergötterung des prophetischen *Menschensohnes* Jesus und Zölibatisierung des

140

Rabbiners führte *korrigierend* zum Islam, der auf dem proletarischen Arabervater Ismael fußt, dem Erstgeborenen (!) Abrahams aus der unehelichen Verbindung mit seiner schwarzen Sklavin Hagar, welche von der eifersüchtig gewordenen Gattin Sarah zusammen mit dem Sohn verstoßen und in der Wüste vom HErrn selber gerettet wurde …

Als der Steinzeitmensch noch gemächlich seiner Herde folgte, noch kein einziger Getreidehalm angebaut war, noch niemand ein abgestecktes Stück Land dem Weltschöpfer geklaut und kriegstreibend für sich allein beansprucht hatte, als die Gesellschaft nicht viel größer war als ein freiwillig lockerer Verband von Großfamilien und Sippen in der Steppe, als die Machthierarchien nicht viel steiler waren als die zwischen Mann und Frau und Kind(eskind)ern, als der Unterschied von Mensch und Landschaft noch kein Unterschied von Stadt und Landwirtschaft war, nannte die Bibel diesen Zustand den *Garten Eden*, das Paradies, aus dem der Nomade sich selber vertrieb, als er vom *Baum der Erkenntnis* aß, der Erkenntnis nämlich, wie Gottes Schöpfung am besten erschöpfend zu missbrauchen wäre als bloßer Rohstoff für bessere Schöpfungen der sesshaften Übermenschen. Die christliche *Erbsünde* hat ihren rationalen Kern in diesem selbstverschuldeten Fall der nomadischen Jäger und Sammler in die gottverfluchte Welt der feudal sich organisierenden Ackerbauern und Viehzüchter. – „Macht euch die Erde untertan!" : Tut sie unter eure Wanderstiefel! Der Sklave geht – und überlässt uns unserem Dreck.

Die beiden Söhne des Urelternpaares : Der Herr zog das Opfer des Wanderhirten (!) Abel dem Opfer des Bauern (!) Kain vor, verschonte aber den Brudermörder als den erstgeborenen Sieger der *freien* Verfallsgeschichte aller Sesshaften. Wir alle stammen ab von Kain, nicht vom Nomaden Abel („Hauch").

Der Schöpfer versprach, Sein Werk nicht noch einmal zu vernichten, sondern abzuwarten, bis das freie Werk Seiner Ebenbilder wie der Babelturm naturgesetzlich von selbst zusammenbricht, um vielleicht auf Sein − vom Ebenbild verspieltes − nomadisches Urprojekt einstmals wieder zurückzukommen …

Gott mag vermutlich unsere Hochkulturen nicht, die Sein Werk durch unsere Werke optimiert zu haben glauben. Sind all diese zivilisierten Veranstaltungen für Ihn nicht nur Verunstaltungen seiner Schöpfung? Menschliches „Eigentum ist Diebstahl" an Ihm und zur befristeten Nutzung uns alles nur ausgeliehen. Reiche kommen nicht ins Himmelreich, selig sind die Armen, denn ihrer ist es, und Er ist mit den Zerschlagenen im Geiste. Das Joch Seines Gesetzes ist sanfter als das Joch unserer Herrscher, und nur der HErr kann von den Herren der Welt befreien : Keine Revolution ohne Religion – und umgekehrt!

Nur zwei Dinge haben die letzten zwei Jahrtausende laut Chesterton überdauert, der christliche Seelenhirte *(Pastor)* und die bukolische Idyllenpoesie *(Pastorale)* : Sehnsuchtserinnerungen ans verlorene Paradies des vom HErrn nur favorisierten Goldenen Nomadenzeitalters.

Formale Christologik

Gottes Bewusstsein vom Ganzen ist Teil dieses Ganzen, christologischer Teil des Ganzen aber gerade als Bewusstsein von ihm. So entsteht der Widerspruch, dass

1. das Bewusstsein das Ganze, dessen es sich bewusst ist, um genau so viel übersteigt, als es dessen Bewusstsein ist, also Bewusstsein, das zum bewussten Sein im Ganzen hinzukommt, und dass gleichzeitig

2. dieses Ganze um genau so viel mehr ist als sein Bewusstsein von ihm, als das Bewusstsein vom Ganzen selbst nur ein Teil des Ganzen ist.

Jener Teil des Ganzen, dem dieses Ganze samt seiner selbst in ihm bewusstwerden will, ist mehr als das Ganze selbst und transzendiert es, ein *ens sui generis*, welches das Ganze zu einer Meta-Ganzheit ergänzt. Erstens leisten wir unseren Tribut an den Materialismus : Das Bewusstsein vom All könnte nicht Selbstbewusstsein sein, wenn es kein Teil des Universums wäre, das es begreifen will. Zweitens leisten wir dem Idealismus Tribut: Ein Bewusstsein vom All könnte kein Teil des Alls sein, wenn es nicht Selbstbewusstsein wäre und als solches nicht über sich stünde. Das All muss schon vollständig vorliegen, bevor ein Bewusstsein davon sich bildet. Es darf durch ein Bewusstsein von ihm nicht erst mitdefiniert werden, da sonst Bewusstsein sich stets voraussetzen würde und früher als es selbst wäre.

Nun haben wir in den „Principia mathematica" (1912) von Russell gelernt, dass der Oberbegriff einer Klasse von Objekten stets außerhalb der Klasse steht : der Begriff gehört nicht zu dem, was er begreift. Die Klasse ist kein Element ihrer selbst, ohne sich selbst zu widersprechen. Dass der Begriff von anderem logischen Typ ist als die von ihm begriffenen Gegenstände, war ja die Auflösung jener sogenannten Russellschen Paradoxien, die zu Beginn des 20. Jahrhunderts Mathematik und Logik in eine ernste Grundlagenkrise zu stürzen drohten. Auf unser Problem angewendet, die Universalität der Begriffe vom Universum in einem selbstreflexiven Bewusstsein zu begreifen : Das 'transzendentale Ego der reinen Apperzeption', die intelligible *res cogitans* von Descartes bis Kant, die transzendentale Subjektivität bei Husserl, sind durch den Abgrund einer theo-logistischen Metastufe getrennt von der Natur (samt meiner eigenen empirischfaktischen Existenz in ihr). Was jedes menschliche Individuum schon als Teil des Ganzen und als Ganzes seiner Teile darstellt, repräsentiert der Gottesbegriff in Bezug auf das Ganze aller denkbaren Ganzheiten.

Damit formalisieren wir nur den „Sinn des Sinns", den *Volker Gerhardt* in seinem „Versuch über das Göttliche" (2014), einer Religionsphilosophie rationaler Theologie, über die Vereinbarkeit von (christlichem) Glauben und wissenschaftlichem Wissen ausgeführt hatte.

Dass der „Quantenschaum eines planck-langen Ur-Vakuums" Ursache-seiner-selbst sein soll, ist doch so unerklärlich wie die gern belächelte scholastische „Aseität" Gottes und andere „Spekulationen" …

Für Laien Sachbücher zur Religion

"Upanischaden"
Lao-tse : „Tao-te-king"
Meister *Eckhart* : Traktate und Predigten
Hegel : „Vorlesungen zur Philosophie der Religion"
Manfred *Lütz* : „Der Skandal der Skandale"
Wilh. *Schmidt-Biggemann* : „Gott, versuchsweise",
„Theodizee und Tatsachen"
Paul *Tillich* : „Religionsphilosophie"
Josef *Schmitz* : „Religionsphilosophie"
Willi *Oelmüller* : „Grundkurs Religionsphilosophie"
Norbert *Hoerster* (Hg.) : „Glaube und Vernunft"
Annemarie *Schimmel* : „Einführung in den Islam",
„Weisheit des Islam"
Hans *Schmoldt* : „Altes Testament. Einführung"
Salcia *Landmann* : „Jüdische Weisheit"
Hans Werner *Wüst* : „Der klassische jüdische Witz"
David *Flusser* : „Jesus"
Reclams Lexikon der Bibel-Zitate
G. K. *Chesterton* : „Orthodoxie", „Ketzer",
„Der stumme Ochse – Thomas von Aquin"
Wilhelm *Weischedel* : „Der Gott der Philosophen"
Heinz *Zarndt* : „Die Sache mit Gott"
Rolf Friedrich *Schuett* : „Der Ewige und sein
Urprojekt"

Religiöse Literatur

Dante Alighieri : „Die göttliche Komödie"
John *Bunyan* : „Die Pilgerreise"
John *Milton* : „Das verlorene Paradies"
Calderon : „Das große Welttheater"
Thomas von *Kempen* : „Nachfolge Christi"
Paul *Gerhardt* : „Geistliche Lieder"
Paul *Fleming* : „Deutsche Gedichte"
Angelus *Silesius* : „Cherubinischer Wandersmann"
Friedrich von *Logau* : „Sinngedichte"
Andreas *Gryphius* : „Gedichte"
Salomon *Maimon* : „Lebensgeschichte"
Salomon *Geßner* : „Idyllen" (1756)
Hinrich *Brockes* : „Irdisches Vergnügen in Gott"
J. *Eichendorff* : „Aus dem Leben eines Taugenichts"
Eduard *Mörike*, Matthias *Claudius* : „Gedichte"
Adalbert *Stifter* : „Der Nachsommer"
Jeremias *Gotthelf* : (deutschsprachige) Erzählwerke
Heinrich *Seidel* : "Leberecht Hühnchen"
G. K. *Chesterton* : Pater-Brown-Krimis,
„Die Rückkehr des Don Quichote"
Julien *Green* : „Tagebücher"
Erzählwerke von Isaac B. *Singer* und Samuel *Agnon*
Kurt *Marti* : „Im Sternzeichen des Esels"
Auswahl von Naturpoesie und romantischer Lyrik

Sekundärliteratur zum Aphorismus

Gerhard Neumann (Hg.): „Der Aphorismus.
Zur Geschichte, zu den Formen und Möglichkeiten
einer literarischen Gattung", Darmstadt 1976

„Ideenparadiese. Untersuchungen zur Aphoristik
von Lichtenberg, Novalis, Friedrich Schlegel und
Goethe", München 1976

Peter Krupka: „Der polnische Aphorismus",
München 1976

Hans Peter Balmer; „Philosophie der menschlichen
Dinge. Die europäische Moralistik", Bern 1981

Harald Fricke: „Aphorismus", Stuttgart 1984

Gisela Febel: „Aphoristik in Deutschland und
Frankreich", Frankfurt/Main 1985

Klaus von Welser: "Die Sprache des Aphorismus",
Frankfurt/M. 1986

Heinz Krüger: „Über den Aphorismus
als philosophische Form", Frankfurt/M. 1988

Werner Helmich: „Der moderne französische
Aphorismus", Tübingen 1991

Stefan Fedler: „Der Aphorismus. Begriffsspiel zwischen Philosophie und Poesie", Stuttgart 1992

Paul Geyer / Roland Hagenbüchle: „Das Paradox", Tübingen 1992, Würzburg 2002²

Thomas Stölzel: „Rohe und polierte Gedanken. Studien zur Wirkungsweise aphoristischer Texte", Freiburg 1998

Lada Lubimova: „Struktur und Funktion des Aphorismus : eine textlinguistische Studie", Bremen 1998

Robert Zimmer: „Die europäischen Moralisten", Hamburg 1999

Michael Esders: „Begriffs-Gesten. Philosophie als Kurze Prosa von Friedrich Schlegel bis Adorno", Frankfurt/Main 2000

Rüdiger Zymner: „Aphorismus", In: Kleine literarische Formen in Einzeldarstellungen, Stuttgart 2002

Friedemann Spicker: „Kurze Geschichte des deutschen Aphorismus", Tübingen 2007

„Die Welt ist voller Sprüche. Große Aphoristiker im Porträt", Bochum 2010

Rolf Friedrich Schuett : „Aphorismus – Philosophischer Gehalt in literarischer Gestalt", 2019

Zeitgenössische Atheisten und Agnostiker sind keine rationalen 'Freigeister', sondern nur gehorsame Kinder ihrer säkularen Zeit. Der A(nti)theismus und Agnostizismus wurde zum akademischen Standardmodell des Westens, doch der Monotheismus hat seine aufgeklärten Verächter inzwischen überlebt und ist weltweit längst wieder auferstanden von den Totgesagten. Der ´olle Jott´ hat sich zurückgemeldet, auch wo es nicht in den Aufklärungsfahrplan passt.